武田裕熙

最相葉月

口笛のはなし

ミシマ社

はじめに

あなたは口笛を吹けますか。そんなのわけないさ、と言って吹き始めるあなたの得意げな表情が目に浮かびます。たぶん地球上の半分、いやもっと多くの人にとって、口笛を吹くのはたやすいことでしょう。

うらやましいです。私は口笛が吹けません。公園を散歩しながら鳥の鳴き声を真似しようとしても、音がかすれてしまいます。お気に入りの歌を奏《かな》でようとしても、正しい音を出せず空回り。たんに吹けないというだけでなく、口笛を吹くことに少し抵抗もあるようです。

子どもの頃、女の子は口笛を吹くもんじゃないとか、夜に口笛を吹いたらヘビが出るとか、人さらいに襲われるとか、さんざん親や周りの大人におどされたことが影響しているかもしれません。親の死に目に会えないと言われた記憶もあります。

口笛ってなんだか怖くてやっかいなものだなあ。昔からそんな暗いイメージがあったのですが、二〇一九年、これを一変させる人物との出会いがありました。日系ブラジル人のコミュニティを取材した際、ポルトガル語の通訳として同行してくださった、当時まだ二十代の武田裕熙《ゆうき》さんです。武田さんは子どもの頃からオランダやメキシコなど海外での生活が長く、今や五か国語を話すペンタリンガルなのですが、驚いたことに、口笛の世界チャンピオンだというのです。

口笛にチャンピオンがいることも知らなかったのですが、武田さんのTEDxでのスピーチやYouTubeチャンネルを観たり、ライブにうかがったりするうちに、口笛に対するこれまでのイメージは見事に覆《くつがえ》されました。口笛って何なの？　歌なの、楽器なの？　よくわからないけどおもしろい、楽しい、かっこいい、私も吹いてみたい、みんなで合奏してみたい、とワクワクして、とうとう本書の企画を武田さんに提案してしまいました。

世界的な口笛奏者というだけでなく、口笛の世界にくわしい武田さんご自身、いつか文章にまとめてみたかったとのこと。口笛の歴史や文化の話から、ちょっとむずかしいサイエンスの話、口笛音楽の発展やプロ奏者の活躍とテクニックまで、さまざまな切り口から口笛に迫り、読み終える頃には誰もが口笛ファンになって、願わくば口笛が吹けるようになる本にしよう――なんて、かなり欲張りな企画ですが、数度の打ち合わせを経て、武田さんとの共同作業が始まりました。

コンサートや世界大会の取材では国内外の口笛奏者と出会い、口笛界がとてもフレンドリーで温かい人たちの集まりであることも知りました。誰もがいつでも始められる口笛を通して、音楽はもっと身近になるんじゃないか。あわよくば、世界中の人たちとつながって友だちになれるんじゃないか。そんな壮大な夢を抱きながら、私たちはミシマ社のみなさんと、自称「チーム口笛」を結成して本書を完成させました。あなたも、チームの一員になってくださいませんか。

最相葉月

二〇二五年一月吉日

目次

第五章 口笛奏者の世界

第六章 さぁ、口笛を吹いてみよう――実践編

第一章

人はなぜ口笛を吹くのか

口笛の始まり

——とても初歩的な質問から始めたいのですが、口笛を吹くのは人間だけでしょうか？

武田　口から笛のような音を出すことを口笛と呼ぶならば、人間だけではないでしょうね。鳥の鳴き声は口から出ていますし、マーモットという哺乳類《ほにゅうるい》は口から笛のような音を出してコミュニケーションをとります。ハンドウイルカというイルカも口笛のような音で会話をするようです。でも、音の出る仕組みがまったく同じではないと思いますので、厳密には人間だけといえるかもしれませんね。

——口から音を出すときの構造を考えると、確かに人間だけだと考えられそうですね。初めて口笛を吹いた人って、どうして吹いたんでしょうね。

武田　偶然じゃないでしょうか。

——え、偶然ですか？

武田　ええ。口をたまたまその形にして息を吹くと音が出るということを、誰かが、あるいは同時多発的に発見した。音程のコントロールができることもわかって、じゃあこの音で何ができるかなっていう、そういう流れのほうが自然じゃないかと思うんですよ。ぼくの娘も一歳の時点で口笛を偶然吹いたことがありました。意識的に吹けるようになったのは二歳になってからですけど。

——さすが、武田さんの娘さんですね。偶然吹き始めたとなると、初めて口笛を吹いたのは先史時代の人類までさかのぼりそうです。有史時代ではどうでしょうね。

武田　古代ギリシャやローマの文献、旧約聖書に口笛を吹く記述があります。主に合図としての使用ですね。

——へえ、どんな合図ですか。

武田　民族や地域によっても違うでしょうが、人を呼ぶために吹くというのが一番多いでしょうね。聖書(*1)でも、ヤハウェが口笛で民を呼ぶとか、虫を呼ぶとか、そういう表現が出てきます。現代になると、あまり良い例とはいえないですけど、町中で美しいと思った女性に対して口笛を吹くというのもわかりやすい例かなと思います。昔の映画を観てい

*1　イザヤ5-26、8-18、ゼカリア10-8

ると、タクシーや召使いを口笛で呼ぶ場面もよく出てきますね。

——なんだか身分的な上下を感じますね。

武田　そういうこともあるかもしれません。犬を呼ぶときもそうですね。合図としての口笛の使い道といえばほかに、がれきの下に閉じ込められたときや、遠隔地で孤立したときに吹く。口笛だと音量が足りないですが、指笛だと数キロ先まで音が届くようになります。防災のために指笛を覚えようということで、警視庁の災害対策課のホームページや東京都の防災ハンドブック「東京防災」にも、何かあったときのために指笛を練習しておこうと書いてあります。

——それは、ぜひ練習したほうがいいですね。今のお話、緊急時の口笛で思い出したのですが、ジョージア出身のジョーゼフ・ジョルダーニア（Joseph Jordania）という音楽進化学の研究者の『人間はなぜ歌うのか？』(＊2)という本に、こんな仮説が紹介されていました。

大昔、地上に降りて声を出す動物というのは人間ぐらいだったと。鳥もサルも木の上では鳴くけれども、地上に降りると声は出さない。なぜかというと、猛獣に襲われるから。人間だけは地上に降りて、声を出すことによって仲間を集めて、みんなで声を出して猛獣に対抗した。だから、音楽はポリフォニー(＊3)から生まれたというのがこの人の仮説なんです。つまり、防衛機能として歌というのはあったんじゃないかと。それを参考に考えると、口笛ももしかしたら、狩猟時代の合図、それも普通の合図だけではなくて、SOS、危険だよという警告的な意味もあったのかなと思うのですが、どうでしょうね。

武田 人間の声に比べて、口笛も指笛も周波数が高いんですよ。すると、雑音のある環境においても、音が通りやすいということはあります。なので、単純な合図、複雑な情報を伝達するのではない合図として、口笛や指笛は非常に使いやすい媒体だったのではないかと思いますね。そういえば、メキシコやベネズエラなどラテンアメリカ各国では家族ごとに違う合図の口笛があって、家庭内で誰かを呼ぶのに使ったりするそうです。

――大声で名前を呼ぶより省エネでよさそうですが、親を口笛で呼ぶなんて、日本ではちょっと考えられない習慣ですね。

＊2　ジョーゼフ・ジョルダーニア（森田稔訳）『人間はなぜ歌うのか？　人類の進化における「うた」の起源』アルク出版企画、二〇一七年

＊3　二つ以上の独立した声部（パート）からなる音楽のこと。多声音楽。グレゴリオ聖歌のように一つの声部しかないものはモノフォニーという。

音楽としての口笛

——人を呼ぶとか、合図としての口笛から始まったと仮定するとして、そこから武田さんが吹かれているような音楽としての口笛に発展していくわけですが、人間が生きていくにおいて、口笛にはどんな意味があったとお考えですか。音楽ですと、求愛や儀式や子守歌のようにいろいろな存在意義があったといわれますが。

武田　ハミングなんかと一緒じゃないかなと思っています。農作業や工場労働などの単純労働であったり、作業をしたりしているときに、気分を上げるために、もしくは暇つぶしで口笛を吹く。現代においてもよくあることではないかと思います。ぼくの知り合いの口笛吹きに一人、アメリカの人なのですが、新築住宅の看板を持って一日中路上に立っているバイトをしているときに口笛が上手くなったという人がいます。その人曰く、建設現場で働いていたときもみんな口笛を吹いていたそうです。フランスの口笛吹きの知り合いで、トラックの長距離ドライバーもいます。イギリスにはいまだにとあるホテルのバックヤードに「口笛禁止」の注意書きがあったりするようですし、労働と口笛には切っても切れない関係がありそうです。白雪姫の「口笛吹いて働こう」なんて歌もあります。

――口笛を吹きながら作業することに何らかの効用があるのでしょうか。

武田 あるんじゃないでしょうか。常々思っていることなのですが、口笛を吹いているあいだって口角が下がらないんですよ。

――あ、ほんとだ。

武田 口角が下がっているのって不機嫌なときじゃないですか。表情筋は感情と密接に関わっていますから、口角が下がらない状態でいれば気分も落ちにくいんじゃないかと。精神安定的な作用があるのではないかと思っています。

――ああ、私もなんとなくそれを感じていました。息を吐く、意識して息を吐くのはすごく大事なことで、人間って緊張したり余裕がなかったりすると呼吸を忘れちゃうんですよね。

武田 口笛って、非常に意図的に呼吸をコントロールしてやらないと上手に出ない。口笛という何か一つのことに集中するということも、ネガティブな考えから意識をそらすことにつながるのかもしれません。

――坂本九の「上を向いて歩こう」なんてまさに、悲しいけど口笛を吹くというニュアンスがありますよね。歴史をさかのぼるとどうなのでしょう。音楽としての口笛というと、日本では古くは『竹取物語』に、かぐや姫に求婚しようとする五人の公達《きんだち》が笛を吹いたり歌をうたったり、口笛を吹いたりした、という記述があって、これなどは求愛の口笛音楽といえそうです。原文では、口笛ではなく、「嘯《うそ》」ですが。当時は口笛のことを「うそ」といったのですね。

武田　『竹取物語』より古く音楽的な文脈で「嘯」の字が出てくる作品があって、平安時代初期、菅原道真《すがわらのみちざね》の祖父、菅原清公《きよきみ》が「嘯賦《しょうふ》」という「嘯《しょう》」（＊4）の音楽をたたえる漢詩を書いています。ちょっと読んでみますと、「嘯という音楽は唇《くちびる》を通して浮かんでは沈み、笛や笙《しょう》のように竹の響きを表現し、琴《きん》や瑟《しつ》のように絃《げん》の響きを想像させる。春の森でウグイスが鳴き、朝の山で猿が吟じるかのように、一息で角《かく》や羽《う》の音を分け、さまざまな響きをとり、山水の曲を奏で、呉越の歌を流れるように表現する」（＊5）というようなことが書いてあります。

――口笛は貴族もたしなむ風雅なものだったのですね。景色が目に浮かぶようです。

武田　平安時代中期の公卿《くぎょう》、藤原師輔《ふじわらのもろすけ》の日記『九暦』にも、酒に酔った大臣たちが口笛を吹いた（「今日酒盃十一巡、王卿有酒気、吹皮笛」）とありますし、『宇津保《うつほ》物語』には、高貴な身分の人たちが「皮笛」を吹いて楽しんでいる（「おとどは皮笛を遊ばす」）という記述があります。

――興が乗ったときに吹きたくなるものだったのでしょうか。皮笛という呼び方もあったのですね。

武田　唇の皮で音を出すところからきているようですね。『源氏物語』の「紅梅」には、大納言が未熟な若君の笛の音に合わせて、太くしっかり慣れた音で皮笛を吹く（「皮笛ふつつかに馴れたる声して」）という一節があります。

――ほう、それは楽器の代わりに口笛を吹いたといえそうですね。そもそも音楽としての口笛の始まりというと、どのあたりになるのでしょう。世界的にはもっと古い記録がありそうですが。

武田　世界最古の記録かどうかは特定できないのですが、紀元前六世紀頃までに成立した

＊4　宋晗『平安朝文人論』（東京大学出版会、二〇二一年）によると、「嘯」の具体的動作については口笛以外にも諸説あり、清公の嘯が口笛であったかは未詳とされている。

＊5　「惟此嘯之作音／在唇吻而浮沈／意在竹而寫笙笛／想歸絲以像瑟琴／發春林之鶯囀／亮曉巖之猿吟／分一氣於角羽／取眾響於凌深／暢山水之曲弄／流呉越之謳吟」。「瑟」は楽器の名前。「角羽」は五声（古代中国の音階）の表記で、「角」はミ、「羽」はラの音に対応するが、それぞれ「春」と「冬」、「木」と「水」、「牙」と「唇」などの属性を持ち、さまざまな解釈が考えられる。

といわれる中国最古の詩歌集『詩経』には数か所で「嘯」の字が「歌」の字と併せて登場するので、その頃からすでに人類は口笛で音楽を吹いていた可能性があります。

――『詩経』というと、古代中国の社会的背景や思想を理解するためにとても大事な文献ですね。当時の人々の労働や恋愛や祭りを題材にした詩もたくさんあるようなので、そこに口笛の音楽が描かれていることはとても興味深いです。

武田　もっとも、詩中の「嘯」が本当に口笛を意味するのかどうかについては諸説あって、「嘆く」とか「歌う」という意味だと解釈する説もあります。

――おっと、どんな文脈で「嘯」が使われているかを注意しないといけませんね。

武田　ほかにも古代中国では魏晋南北朝時代以降、多くの文献に「嘯」が登場していて、六朝時代には文化人の間で俗世から離れて自然と一体化するためのものとして「嘯」が流行したようです。ただ、これは「長嘯《ちょうしょう》」という道教の仙術に関連する技芸で、口笛とはまた違った発声技法だったとする説もあります。三国時代の思想家集団「竹林の七賢」のリーダー、阮籍《げんせき》は「嘯」の名手だったとされていて、その「嘯」は数百歩先まで聞こえ、晋王・司馬昭の宴席でもただ一人気ままに酒を飲んで「嘯《うそぶ》いて」いたと『世説新語』という逸話集にあるのですが……。

――うーん、お酒を飲んで吹きたくなるのは、普通に口笛のような気がしますけどね。

武田 阮籍が口笛を吹いているように見える肖像画が残っていたりもするので、個人的には古代中国で流行した「嘯」も口笛であって欲しいなあ、と思うんですけどね。一部の研究者や評論家は「高い精神性のある芸術がただの口笛のはずはない」「口笛にそんなパワーはない」「悲しみにくれているときに口笛を吹くのは違和感がある」などと「嘯」＝口笛説を否定しているのですが、そういう人たちはプロの口笛を聴いたことがないんじゃないか、とか、口笛より音量の大きい指笛や舌笛も「嘯」に含まれていたんじゃないか、とか、いろいろ考えたくなります。

――いや、そう思いますね。口笛の本当の威力を知ってほしいですね。

コミュニケーションの手段として

――人はなぜうたうのかとか、人はなぜ言葉をもつのかについての研究は結構行われて、本もたくさん出版されていますが、口笛については資料がなかなか探せなかったんです。

どうしてなんでしょうね。

武田　やはり学術的な研究対象として、それほど注目されてこなかったことが大きいと思います。音響学の視点からは福井大学の森幹男先生（＊6）が口笛の発音原理を研究されています。言語学の見地から口笛言語、指笛言語を研究している方もいます。今でも指笛言語が話されていることで有名なカナリア諸島出身のダビド・ディアス＝レジェス（David Díaz Reyes）という言語学者がいて、口笛世界大会（WWC）のシンポジウムに招いたことがあります。彼は世界中の口笛言語、指笛言語についてもくわしい。現在は、カナリア諸島の中でもゴメラ島でのみ指笛言語が生きているのですが、ほかの島々でもかつては似たようなことが行われていたと考えられていて、その発掘研究をされています。

――なるほどー、コミュニケーションの手段としての口笛、指笛ということですね。

武田　実は世の中のすべての口笛言語、指笛言語というのは、既存の言語を口笛や指笛に置き換えているだけなんです。その置き換えの方法といいますか、どういう音が話し言葉の何の音を表しているのかとか、それがどのような場所で、どのような目的で使われているか、いつ頃からあるか、といったことが全般的に研究されているようです。

――既存の言語が前提にあるなら、新たに学びたい人たちはそのベースとなる言語から勉強しないといけないということですね。

武田　まさにそういうことです。ほとんどの場合、ベース言語の子音と母音の単純化と置き換えで成り立っています。音程で母音を表して、音の入りと出のしゃくり上げで子音を表すというのが一番わかりやすいパターンです。音程で母音を表すというのはどういうことかというと、「あいうえお」を発音するときに声に含まれている倍音の周波数を調べると、「お」が一番低くて、「あ」が真ん中ぐらいで、その上に「え」があって、「い」が一番高いという周波数の並びになっていて、だから単純に低い音で吹いたらそれは「お」の母音、真ん中ぐらいで吹いたら「あ」の母音になるんです。それを聴き取るための訓練がまず必要ですし、ちゃんとそれを発することができるための訓練というのも必要ですね。

――口笛言語って何歳頃から訓練されるものなんですか？

武田　日常の中で大人たちが使っていたら子どもはそこから学んでいくでしょうが、最近はどんどん廃《すた》れてきてしまっています。遠隔のコミュニケーションなんて、今は携帯電話でいくらでもできるわけですからね。

＊6　福井大学工学系部門工学領域情報・メディア工学講座准教授

――スマホがそんなところに影響を与えていたとは思いもしませんでした。

武田　カナリア諸島のゴメラ島では今、伝統を守るために小学校で指笛言語を教えています。二〇〇九年には、ユネスコの無形文化遺産に登録されました(▼1)。

――保存しなければ失われていくものなんですね。口笛言語がどんなふうに使われているのか、さきほどお話ししたジョーゼフ・ジョルダーニアの『人間はなぜ歌うのか?』に、メキシコのマサテコ族の二人が口笛で会話する様子が紹介されているのですが、かなり具体的な内容が交信されているのでちょっと引用してみますね。


「君はそこに何を持っているのか?」

「トウモロコシの荷物だ」

「では、それをどこに持っていくのか?」

「テナンゴへ持っていく」

「では、そこでそれを売るつもりか?」

「それを売るつもりだ」

「では、いくらで売るつもりだ?　ここでそれを私に売ってくれ」

「そうだな……では、一箱二・五ペソだ」

「二・二五ペソではどうか？　ここでそれだけ払うから」

「持っていけば、私は三ペソもらえる」

「しかしそれを持っていくには(テナンゴは)遠いぞ」

「じゃあ、いま品物を置いていくよ」

「いやあ、君はまったく欲張りだなあ」


……と、これを全部口笛でやっているんです。すごいなあと思って。きわめて日常的な商取引の中で口笛が使われているんですね。口笛でやりとりをするということは、お互いのあいだにちょっと距離があったということでしょうが。

武田　とくに暗号化の必要がない内容をしゃべっているということは、たぶん距離があったということだと思いますね。

▶1　**カナリア諸島ゴメラ島の指笛言語**
https://www.youtube.com/watch?v=C0CIRCjoICA

暗号としての口笛

――手話は世界共通かと思いきや、そうではまったくなくて、それぞれの国や地域の言語に対応して作られているから、国際手話を広めようという動きがありますね。口笛はどうでしょうか。共通の口笛言語ってありますか。

武田 残念ながら、ないですね。口笛で世界中の人と会話ができたらおもしろそうですが、そもそも口笛言語、指笛言語が発達するのは隔絶された地域ですから、共通語が生まれるということはないと思います。世界でだいたい八十言語ほど記録されていて、山岳地域であったり、離島であったり、植物が非常に生い茂っているような地域、ジャングルとか、あとは流れの激しい川の近くや市場なんかの騒々しい環境でも使われているようです。

――暗号として口笛言語が使われるところがあるそうですが、具体的に教えていただけますか?

武田 ぼくが読んだのは、フランスのジュリアン・メイエル(Julien Meyer)という言語学者が世界の口笛言語を調査してまとめた『Whistled Languages : A Worldwide Inquiry on Human Whistled Speech』（*7）という本なのですが、それによると、そもそも元の言語を知った上で、さらにその口笛バージョンを聴き取れないといけないわけですから、その地で生まれ育った人同士は普通に会話していても、外部の人間にはまったく理解できないどころか、知らなければ意識すらされない。こういう特性を利用して、部外者が入ってきたときに口笛や指笛で秘密の会話をする、という使い方がされることがあるようです。

――それで思い出したのですが、吉村昭の『深海の使者』という、日本とドイツを結ぶ航路を行き来した潜水艦を描いた戦記小説があって、外務省と大使館を結ぶ会話を暗号で送るのに鹿児島弁で早口でしゃべらせたら、米軍側はそれを聴き分けていたという場面がありました。

武田　たまたまアメリカ側に同じ村の出身の日系人がいたという話ですよね。NHK大河ドラマの「山河燃ゆ」（原作・山崎豊子『二つの祖国』）にもそういうシーンがありました。

――そうです、そうです。確かに、そのコミュニティ以外の人間には通じないから暗号

*7　Julien Meyer, Whistled Languages: A Worldwide Inquiry on Human Whistled Speech, Springer, 2015.

として使えますよね。

武田　ほかの例で言うと、イギリスでは昔スリの集団が口笛で仲間内の合図をしていたようで、ロンドンの老舗ショッピングセンター、バーリントン・アーケードではいまだに口笛が全面禁止だそうです。なぜかポール・マッカートニーだけは吹いてもいいそうですが。

――へえ、やっぱり国宝級の人だからかなあ。

武田　あとは、これもメイエルの本にあったのですが、人間相手ではないですけれども、狩猟のときに口笛で会話することで、獲物の動物に人間がいるとばれずに近づけるそうです。なるほどなあ、と思いましたね。

口から出ていればみんなwhistling《ウィスリング》

――日本には、口笛言語や指笛言語はあるのでしょうか。

武田　日本では聞かないですね。のろしとか、矢文《やぶみ》とか、そういう遠隔コミュニケーションのツールはいろいろありますが、沖縄のエイサーで使う指笛以外にはあまり口笛の言語的・文化的な用途というのは知りません。そもそも、口笛や指笛を上手に吹ける人の割合が日本は諸外国に比べて低いような気がします。なぜなんでしょうね。

――日本は小さな島国で、山はあるけれど、ほとんどが村落や城下町のように狭い範囲で密集して暮らしてきたことが関係しているのかもしれませんね。合図という意味では、太鼓や鐘《かね》が使われてきましたし。

武田　口笛言語というのは、やはり遠隔でのコミュニケーションが必要ということがベースにあって、大きくて通りやすい音が出せるものをツールとして使ったというのが発生の経緯としては近いんじゃないかと思いますね。とくに指笛は音量が圧倒的ですから、遠隔での会話に適しています。そういえば、日本語で口笛言語といっているものも、遠隔で使っているものの多くは指笛のことですね。

――指笛なのに、口笛の中に含まれてしまっているということですか。

武田　ええ。実際は指笛なのになぜ口笛言語と表現されてしまうかというと、日本語において「whistling《ウィスリング》」の訳語がないからです。「whistle《ウィッスル》」という言葉は名詞だとサッカーの審判が吹くような笛も含めて「笛」全般のことですが、動詞としての「to whistle」、もしくは「whistling」は、口笛も含めば、指笛も含めば、手笛も含む。体を使って出す笛のような音全部ひっくるめて「whistling」なんですよ。

——英語では「hand《ハンド》 whistle」とか、「finger《フィンガー》 whistle」という表現はないんですか。

武田　もちろんあるんですが、それらを包含《ほうがん》する言葉として「whistling」という単語があります。でも日本語にはないんです。「笛」という単語はありますが、「笛」というと、どうしても楽器といいますか、道具が存在しているほうを思い浮かべてしまう。だから、言語学の話で「whistled language《ランゲージ》」という言葉が出てきたとき、日本の人はどうしてもそれを口笛言語と訳してしまう。ところが、実際その多くは指笛言語だと思っています。

——翻訳の問題ということですか。

武田　わかりやすい例を紹介すると、たとえば、「ハチ」という日本語がありますよね。

——ハチって、「bee《ビー》」ですか。

武田　そうです。日本語で「ハチ」といえば、ハチ全体を意味しますが、英語で「bee」というと、ミツバチでしかないんです。スズメバチは「wasp《ワスプ》」とか「hornet《ホーネット》」というんですよ。英語にはそれらを包含する、日本語の「ハチ」に相当する単語はない。じゃあ、日本語で「ハチ」と言われた場合、英語に訳す人はどう訳したらいいんだろうと困ると思います。それの逆ですね。

――なるほどー。

武田　英語には「whistling」という単語があるけれども、日本語では口笛、指笛、歯笛、手笛さえ分かれているのに、それらを包含する単語がない。じゃあどうやって「whistling」を訳そうかとなったとき、苦肉の策として「口笛」をどうしても選んでしまうということですね。

――最大公約数なんですね。人間が自分の体を使って出す笛は、みんな口笛になってしまう。さきほどのマサテコ族は本当に口笛だそうですけどね。ほかに、人間が笛を吹けるところってあるんでしょうか。耳とか鼻とか……。

武田　喉《のど》がありますね。喉笛というと、喉笛をかき切るみたいな話になっちゃいますけど、喉の声門を使って口笛を吹ける人がいます。

――個人の特殊芸ですか、それともどこかの地域はみんなそうやって吹いているとか。

武田　これは個人の特殊芸だと思います。宇多田ヒカルができると自分のラジオ番組で言っていたとか。

――武田さんはできますか。

武田　ぼくは練習しているんですけど、ちょっとしか出ないです。（喉から音が出る……）

――わぁ、聴こえる、聴こえる。

武田　このくらいしか出ないですね。練習をするとちゃんと音程をとって出せるようになります。

――それは何のためにやるんだろう。

武田　やっぱりできるからやるんじゃないですかね。口の中でどこを使うかというのはいろいろあって、一般的なのは唇をすぼめて吹く方法ですけれども、それ以外に、上あごと舌のあいだで吹くとか、歯と歯のあいだで吹くとか、いろんな方法があります。

――お子さんが学校の音楽の時間でいきなりリコーダーを吹かされてうまくいかなくて、あれでは音楽がきらいになってしまうという話をうかがったことがありますが、だったら、口笛から始めたらいいのにと思いますね。

武田　そうですね。お金もかからないですし。

――東京のある小学校が口笛奏者を招いて「口笛教室」をやったところ、不登校の児童も参加するほどの人気だったそうですが、全国の小学校で口笛の合奏会ができたらいいですよね。あなた自身が楽器だよというメッセージを発信できたらいいなあ。

武田　そう思いますね。最近ヒューマンビートボックス（*8）が流行っていますけど、あれも自分の体を使って音楽を表現するもので、楽器ではなく歌でもない、自分の体を使うものというと、口笛もそのくくりに入りますね。

——楽器を持たない人たちのオーケストラもできそうですね。

口笛と言い伝え　日本編

——口笛って子どもの頃からなじみ深いもので、その一つの理由として、言い伝えとかことわざに口笛を使ったものがあったからだと思うんですね。日本人によく知られているのは、夜に口笛を吹くとヘビが来る、という言い伝えなんですけど、武田さんはご存じですか?

武田　口笛を意識し始めたから気にし始めたか、ちょっと覚えてないですけど、もちろん知っています。ヘビだけじゃないようで、お化けが出るみたいな話もありますよね。

*8　口と喉だけを使って音楽を作りだす音楽表現の一形態。

――人さらいが来るというのもあって、子どもの頃に親に言われてすごく怖かった記憶がありますね。

武田　それは怖いですね。

――日本の言い伝えについては、曹洞宗富士山宝林寺第二十四世住職・千葉公慈さんの『知れば恐ろしい　日本人の風習』（＊9）という本にくわしく書かれてあって、夜に口笛を吹いてはならないのはなぜか、ということについてはこんな解説がありました。

代表的な八つの説があって、「①闇夜を闊歩《かっぽ》する悪霊、鬼、妖怪を呼び寄せてしまうから、②そのむかしに「人買い」がいた頃、夜に人知れず口笛でやりとりをしていたから、つまり人さらいが来るから、③泥棒たちは口笛でやりとりをしていたから、④インドの蛇使いのように、蛇を引き寄せるから、⑤ミミズが口を舐めるから、⑥親を吹き殺すから、もしくは親を早死にさせるから、⑦風を呼ぶから、あるいは海が荒れるから、⑧魔が差すから」だそうです。

武田　②と③は、まさに暗号言語ですね。さっきのイギリスのスリの話と同じだ。

――そうですね。どれも怖いというか、これを知っただけで夜に口笛が吹けなくなっちゃいそうですね。あと、「古く、われわれは口笛を『嘯《うそぶ》き』と表現していた。『うそ』とは口を狭めて出す音声そのものの意味である。鸞《うそ》という鳥の鳴き声に似ているために、虚偽の嘘と同義だとする説もあるが、広く『うそ』という音は、神や精霊を招く力であると信じられてきたことは確かのようだ」ともあります。

武田　やっぱりそうなんだ。

――口笛は下品というか、とくに女の子は口笛を吹くもんじゃないと、私なども親に言われたことがあるんですが、汚いとか下品ということではなくて、逆に神聖な行為だからこそ軽々しく行うことを慎む禁忌《きんき》とされてきた、と千葉さんは書いていますね。『遠野物語』にも、夜中に笛を吹きながら峠《とうげ》を越えていた男の恐怖体験があって、あるときその男に向かって正体不明の何者かが、谷底から不気味な高い声で呼びかけてきたと。峠というのは国境であり、現世と来世の境界線でもある。夜というのも、昨日という時間が死んで明日という時間が生まれる、いわば生死の境界線。「あらゆる意味でマージナルな時空間」で、「当然、精霊たちと出会う場所になるだろう。そんなときに笛を吹くことは、そのまま心霊的存在を呼ぶことと考えるのは、自然なことだった」とあります。

＊9　千葉公慈『知れば恐ろしい　日本人の風習』河出文庫、二〇一六年

武田　なるほどー。

――千葉さん自身の類推ですが、「発遣供養」の影響もあるのでは、とあります。発遣供養というのは、読経によって魂が宿った墓石や仏像から魂を抜く、魂抜きの儀式のことですね。その発遣の方法が書かれていて、そこに口笛が登場するんです。曹洞宗の作法ですが、「オンバザラボキャシャボク」と数回唱えて、霊に向かって右手で指をパチンと弾いて、左手で金剛拳の形を結んで、左側の腰のあたりに当てる仕草をとる。そして右手で拳を作って左胸あたりをポンポンと叩いて、さらに右手を天高く突き上げるように振り上げて、そのときに「ヒューーッ!」と呼気を吐き出す。口伝が主流なのであまり正確ではないそうですが、こんな魂抜きの儀式の光景が畏怖や恐怖の念と結びついて、夜の口笛を禁じたことにつながっているのかもしれないそうです。なるほど、自分で読みながら、ものすごく説得されましたよ。

武田　これは仏教ですよね。実は奄美《あまみ》大島の民間信仰にも同じような話があって、瀬戸内町というところでは昔、人が亡くなって四十九日目の黄昏《たそがれ》時に、ユタと呼ばれる巫女《みこ》を招いて彷徨《さまよ》っている死者の霊を祓《はら》う儀式を行う習わしがあったそうで、そこでも口笛が登場するんです。ちょっと読んでみますね。

「招かれたユタ(巫女)は家の中とあの世との連絡のために、雨戸を少し明けて(※原文ママ)縁側に庭箒《にわぼうき》を斜めに立てかけ、門の外まで出かけて『口笛』を吹いた。そのイショビク(口笛)の音を聞いて、シンマブリ(死霊)はやって来て、縁側に立てかけられた庭箒を足掛かりにして、家の中に入って来ると信じられていた。だから、黄昏時に、縁側等でイショビク(口笛)を吹くと、母親にひどく叱られるものだった」(登山修『奄美民俗雑話』春苑堂出版、二〇〇〇年)

「イショビク」は「うそぶく」の訛《なま》ったものだそうですが、それも含めて先ほどの話と似ていませんか。

——口笛は霊を呼び寄せるし、夜に口笛を吹いてはいけないし、本当ですね。シンマブリ、怖い、入ってこないで!

口笛と言い伝え　海外編

武田　口笛で霊を招く、という話は宗教を超えているところがおもしろいですね。海外でいえば、トルコでも口笛は悪霊を招くというらしいですし、中国でも霊や超自然的なものを呼び寄せるようです。中近東やアフリカでも同じようなことがいわれているところを見ると、地域や宗教によって文化は全然違うはずなのに、口笛が霊を招くという話は世界中にある。ユニバーサルなテーマとして、同時多発的に口笛と霊の関係が考えられているというのは非常に興味を引かれます。

――口笛と魂や霊がなぜ近いのか、ぜひ知りたいです。

武田　口笛は悪運を招くという言い伝えも多くあって、たとえばバルト三国のリトアニアでは、口笛は絶対に吹いてはいけないと、観光客に対する注意までありますエストニアだと屋内で口笛を吹くと火事になる。ロシアとかスラブ系の国だと、口笛を吹くと貧乏になる。屋内に限定しているところも多いけど、こちらは昼と夜は関係ないんですよね。口笛を吹くことで何か悪いことを招いてしまうという、迷信という言葉で片付けていいのかどうかわからないですけど。

――おもしろいですが、なんだか、どれもネガティブな話ですね。

武田　英語圏でも、劇場で口笛を吹くと悪いことが起きる、シアターで口笛を吹いてはいけないという話がある。これはもともと、演劇のセットを動かすのにロープの扱いが上手い船乗りがオフシーズンの時期に働いていたようで、船乗りの合図として使っていた口笛が舞台裏でもそのままセットの転換の合図に使われるようになったことに起源があるそうです。誰かが口笛を吹くと舞台転換のタイミングを間違えたり、最悪の場合、役者の大怪我につながりかねないことが、転じて「不運」の意味をもつようになったそうです。

――なるほど、注意喚起としての口笛禁止なんですね。

武田 船乗りのあいだでは、口笛を吹くと風が強くなる、風を呼ぶという言い伝えもある。

――それはいいことじゃないですか？　嵐なのかな。

武田 いい面と悪い面、両方あるんじゃないですかね。

――ネアンデルタールには埋葬の文化があったといわれていますし、やっぱり、口笛と霊の関係はネアンデルタールの頃からあったんじゃないかと妄想したくなりますね。霊とは関係のない言い伝えはありますか。

武田 イングランドの言葉で、「口笛を吹く女と鳴くメンドリは神にも男にも適さない」というのがあります。

――それはまた物議を醸しそうな表現ですね。

武田 アメリカに渡るとこれが「口笛を吹く女と鳴くメンドリはろくなことになりゃしない」となります。

――うわー、なんだそれは。

武田　いずれにしてもひどい話ですが(*10)、要は、女性が口笛を吹くなんてはしたない、という日本でもいわれていたようなことだと思います。女性が口笛を吹いてはいけないというのは霊や悪運を呼ぶのと同じで、なぜか文化を超えて世界共通ですね。これがかなり文化的にも根強く影響した結果かどうかわからないのですが、口笛の大会が始まった一九七〇年代は女性の参加者が非常に少なかったそうです。参加してもなかなか上位に入ってくることができなかったので、九〇年代後半から男女の部門を分けて必ず女性のチャンピオンが出るようにして、女性の口笛界でのプレゼンスを高めていくというか、女性が積極的に参加できる場をつくっていったという流れがありました。

――今でも男女で分かれているのですか？

武田　今はみんな一緒です。演奏のレベルに差がなくなってきて、男性に勝つぐらいの演奏をする女性がどんどん出てきているということですね。男女別の表彰が完全に撤廃された二〇一八年の口笛世界大会では、ＹＯＫＯさんという女性の口笛奏者が見事に優勝しました。

――実力に性差がないことが証明されたわけですね。ほかはどうでしょうか？

武田　最初に少しお話ししましたが、男性が女性に向かって口笛を吹くのは、「ウルフホイッスル（wolf whistle）」といいます。性的な魅力があるというメッセージ、いい女だな、ということですね。とくに西洋でよく見られる行為だと思います。

――車に乗った男の人が道を歩く美人にピューッと吹く。

武田　だいたい一音か二音でしゃくるような音なんですよね。ヒューッ、ヒューンて。

――それぞれそれ、まさにそれですね。

武田　アメリカの大学にいたときに、違う大学にポッドキャストをやっている学生がいて、フェミニストの女性だったんですけど、「ウルフホイッスルをやめろ」というエピソードを作るから口笛を吹いてくれないかって言われて断りました。ぼくのやっている音楽とウルフホイッスルを一緒にしないでくれって。

――それを武田さんに頼んだ方もすごいです。

*10　オックスフォード辞典に記載があるのはイングランド版（A whistling woman and a crowing hen are neither fit for God nor men）だが、口笛界隈ではアメリカ版（Whistling girls and crowing hens always come to some bad end）のほうがよく聞く。Hen（メンドリ）とmen（英）／end（米）がかかっているというだけで、要は女性は口笛を吹くなというそれ以上でも以下でもないようだ。

武田　あとよく使うのが、「whistleblower」。内部告発者のことです。

――なぜ口笛を吹く人っていうんだろう。不思議ですね。

武田　英語のニュースを見ていると、ときどき出てくる、割と一般的な単語です。語源としては、十九世紀に警察が笛を使って周りの大衆やほかの警察官に対して警告をするという行動から始まったようです。ただ、このホイッスルは口笛じゃないかもしれない。笛かもしれないです。

――警笛ですね。しかしネガティブなものばかりで、なんかもっと明るくなる表現はないものでしょうかね。

武田　それこそ白雪姫で歌われている「口笛吹いて働こう」や「ハイ・ホー」がそうだと思います。あとは、舞台芸術やスポーツを観るときに拍手や歓声に混じって、ピーッて口笛を吹いていると盛り上がりますよね。口笛にはご機嫌というイメージもありますよ。

――ああ、確かに口笛を吹いている人がいると、ははーん、なんかいいことがあったのねって思いますね。なぜでしょうね。

武田　気分がいいときに口笛吹くのはなぜかって、これはなかなかむずかしいですね。さっきの古代中国や日本の話でもお酒を飲んで気分がよくなって口笛を吹く、というのがあったし、本能的なことなのかも。

――武田さんも、気分がよくて口笛を吹くことってありますか？

武田 基本的にいつでも口笛は吹いていますけど、あんまり気分が悪いときには吹かないかもしれませんね。

――口角が上がらなくなっちゃう感じですかね。

武田 本当に気分が落ち込んだときに、わざと口笛吹くことはありますけど。あと、ヒマだから吹くってあると思うんですよ。ほかにやることがないから口笛を吹く。結構あると思います。

――それは武田さんだからじゃないですか？

武田 え、ぼくだけですかね？

間奏①

ひゅるるる〜

怖〜い口笛怪談「エル・シルボン」

武田

怪談といえば、ひゅ〜どろどろ、笛の音がつきものですが、笛の音が怖いのは日本だけではありません。本書の執筆中、一か月間南米のベネズエラに滞在したのですが、そのベネズエラとコロンビアにまたがる広大な平原地帯「リャノ」に、「エル・シルボン」（口笛吹き）という伝説があります。

昔あるところに、とても甘やかされて育ったわがままな少年がいて、両親はどんな無理難題でも少年の望みをかなえてきました。ある夕方、少年は突然「夕飯にシカ肉が食べたいから、シカを狩ってこい」と言いました。仕方なく父親は狩りに出かけましたが、夕飯の時間までにシカをしとめることができず、疲れ果てて家に帰ってきました。すると、シカを持って帰らなかったことに怒った少年は父親を猟銃で殺してしまいました。そして、殺した父親の心臓と肝臓を母親に持っていき、スープを作るよう要求しました。スープを作っていた母親は肉の硬さに違和感を抱き、それが愛する夫の肉であることに気が付くと息子を一生呪いました。

少年の祖父は、この話を知ると少年を平原のど真ん中で柱に括り付けてむち打ちの刑にし、ボロボロになった背中をアルコール、唐辛子、レモン汁で洗いました。そしてその背中に袋いっぱいの父親の肉と骨を背負わせ、腹をすかせた二頭の狂犬を放してあとを追わせ、少年は永遠に父親の遺骨とともに逃げ続ける運命となりました。

少年は六メートルもある痩せた大男の妖怪となり、今でもリャノの樹上を飛び回っており、「ドレミファソラシ…」という特徴的な口笛を吹くため、エル・シルボンと呼ばれています。主に飲んだくれや女たらしを、一人のときを狙って襲うようですが、そうでない人も決して安心はできません。口笛の音が近くで聴こえたときは遠くにいるので大丈夫ですが、遠くで鳴っているように聴こえたら彼はあなたのすぐそばにいます……。みなさまも南米旅行の際は口笛の音にお気をつけて。

ぼくが口笛奏者になるまで

第二章

初めて口笛を吹いた日

——本章では武田裕熙さんの横顔に迫ってみたいと思います。告白しますが、初めて会った口笛奏者が武田さんでなければこの企画は思いつかなかったかもしれない。独自のスタイルがあって、エンターテイナーとしての華やかさというか、オーラを感じました。それは武田さんの生い立ち抜きに語ることはできないと思ったんです。口笛はいつ頃、吹き始めたのですか？

武田　口笛は九歳か十歳のときに吹けるようになったんですよ。最初は吸うほうで音が出たのをよく覚えていますが、その頃はまだ口笛を意識していなかったので、初めて吹けた瞬間はあまり記憶にないですね。ウグイスの鳴き声を練習したりしていました。

——楽器は何か習っていましたか？

武田　小学三年でまずピアノを始めています。母が子どもの頃にピアノを習っていて、家にアップライトのピアノがあったので、自分もやってみたいなあって。スズキ・メソードという耳で聴いて覚えることが特徴の教育法の教室に通って、普通のクラシックを習っていました。ピアノの次に、中学時代にギターを始めました。音楽としての口笛を吹き始めたのはそのあとのことですね。

――ギターは友だちが弾いていたんですか？

武田　中学二年の夏、青春18きっぷを買ってもらって、北海道の「もりの子どもの村」というところに一人で参加したんです。全国から子どもを集めてサマーキャンプをやるところです。そこでは大人も中学生もみんなギターの弾き語りをしていて、これはと思ったんですよね。家に父親の古いギターと教本があったので、コードを鳴らしながらうたう弾き語りから始めました。今でもソロライブのときは自分で口笛の伴奏をギターでしたりするので、非常に役に立っています。

――私も小学三年のときに父親のクラシックギターで弾き語りしたのが最初なんですよ。弾きながらうたうのがすごく楽しいという感覚は、おこがましいですけどちょっとはわかります。最初にどんな曲を弾き語りされたんですか？

武田　井上陽水の「夢の中へ」。

――おお、シブいですね。さすが、お父さんの教本だ。

武田　最初のほうのページに載っていたからですけどね。

――そもそも音楽として口笛を始めたきっかけは何だったのですか。

武田　中学三年の四月頃から、母が大学で教員をやっている関係で約一年間オランダに行ったんです。でも受け入れてくれる学校が見つからなくて、受験勉強もしなきゃなと思いながら、参考書を読んだり、ギターの弾き語りをしながら、家で一人で過ごしていたんです。そんなある日突然、理由はまったく覚えていないんですけど、「口笛　高い音」でグーグル検索をした。そうしたら香珠《かず》さんという方の「くちぶえの吹き方」というサイトが出てきて、そこに高い音の出し方が書いてあったんです。それを見て練習するうちに高い音が出るようになったので、家にあった電子ピアノのデモ演奏を流しっぱなしにしながら、なぞって口笛を吹いていたらだんだん上手に吹けるようになったんですね。単純に高い音が出るから楽しいという感じでした。

――きっかけはインターネットの検索だったんですね。

武田　ええ。その後、高校受験のために日本に戻ったのですが、高一の秋頃にたまたまテレビを見ていたらＴＢＳの「学校へ行こう！」という番組をやっていた。その年にアメリカで行われた口笛の世界大会に出場したティーンエイジ部門のチャンピオンと、チャイルド部門のチャンピオンが出演していて、ティーンエイジ部門の人が3オクターブ吹けると言うんです。二人とも日本人です。それで自分は何オクターブ出るだろうと思ってやってみたら、3オクターブ出たんですよ。

――おおー。

武田　で、これはもしかしたらと思って、口笛をもっとちゃんとやろうと思って始めたというのが最初ですね。

――私はこれまで、音楽やスポーツのプロの方を取材したことがあるんですけど、やってみてできたからその道に進もうと思っても、そう簡単にはいかない。本格的に続けるにはやっぱりハードルが高いんですね。これだったら自分もできるかもしれない、と自信をもつきっかけは何かあったのでしょうか?

武田　当時はミクシィというSNSが盛んで、口笛のコミュニティがあったんです。そこに参加したら、今度、茨城県の牛久《うしく》で第三五回国際口笛大会（IWC）がある、という情報が載っていた。一九七六年にアメリカで始まった大会で、口笛奏者のりょうすけさんがプロジェクトリーダーとなって初めて日本に招致されました。締め切りは過ぎていたので出場はできなかったのですが、泊まりがけで見に行ったんですよ。そこでいろんな人と仲良くなって、その中に、当時も今も世界一のヒールト・シャトルー（Geert Chatrou）というオランダ人がいて、その人が大会で優勝したんですね。ぼくはオランダから戻ってきたばかりでたまたまオランダ語がしゃべれたので、オランダ語ができる日本人の高校生として仲良くさせてもらったんです（写真1）。

――いきなりトップスターと知り合いになったのですねー。

武田　ほかにも、ティーン部門やチャイルド部門に出ていた子たちと仲良くなったり、大会が終わったあとも最後まで残って片付けを手伝って、裏方の人とも仲良くなったりして、口笛のコミュニティに少しずつ入っていきました。そのとき、自分もできそうだという感覚をもったんですね。今考えると、スキルは全然ないし音楽も知らないのにうぬぼれていたというか、勘違いしたというか、次の大会には出場したいと思ったんです。

メキシコで知った人前で演奏する楽しさ

――ライブにうかがって感じたのですが、武田さんはクラシック、ポップス、ジャズな

写真1　ヒールト・シャトルーと武田

ど本当に幅広くジャンルを問わずさまざまな音楽を聴いて演奏されていますよね。いつ頃から熱心に音楽を聴くようになったのですか？

武田　小学五年か六年の頃、東京の阿佐ヶ谷に住んでいたんですが、母親に連れられて阿佐谷ジャズストリートに行って、山下洋輔さんの演奏を初めて聴いて衝撃を受けたんです。そのときからずっといつかジャズをやりたいと思っていて、高校でジャズの部活があるところってとても少ないんですが、受験したうち二校がジャズのある学校でした。

――その一つが、東京学芸大附属

高校だったのですね。

武田　そうです。音楽を熱心に聴くようになったのは、高校のモダンジャズ研究部に入ってからですね。担当はアルトサックスでした。もともとサックスがやりたくて、ナベサダ（渡辺貞夫）がアルトだからぼくも、という理由だったのですが、実はナベサダを聴いたこともなかった……。

――そうだったのですか。たしか高校時代にも途中で外国に行かれていますよね。

武田　高校二年の夏からメキシコに一年間のプログラムで留学しました。小学二年のときに母のサバティカル（長期休暇）でカナダに一年間いたことがあるんですが、その頃にメキシコに行かせてもらったことがあって、ちょっとスペイン語がわかったみたいな気分になったんですね。日本語と同じアイウエオの母音で発音しやすいですし、「uno《ウノ》 dos《ドス》 tres《トレス》」（1、2、3）が言えた、という小学生なりの成功体験ですね。そこから、スペイン語をやりたいというのはずっとあった。そしてやっぱり語学は若いうちにやらなきゃダメという焦りがあったんですよ。

――高校生にして焦るというのもすごいなあ。

武田　ＮＨＫラジオのスペイン語とフランス語の講座を聴いて、通学電車でテキストを読みながらシャドーイングしてるあやしい高校生でしたね。そもそも中学のときにオランダに行ったのも、英語の次の言葉をやりたかったからで、英語圏じゃないところから母親に選んでもらったのがオランダだったんですね。オランダは世界中から移民が来ていて、普通の学校に通えるようになるための語学プログラムがあったんです。そうするといろんな国の人のいろんな言葉に一気にふれることになりますから、言語にすごく興味をもつようになりました。

——武田さんにとって音楽と言語、口笛と言語は切っても切れない関係にありそうですね。そのあたりの話はのちほどうかがうとして、まずメキシコのことをうかがいたいのですが、どちらの町に行かれたのですか?

武田　メキシコの西海岸にあるグアサベという人口七万人ぐらいの町です。グアサベはとにかくミュージシャンを輩出するところで、たまたまぼくが行った学校の同級生のお父さんがその地域で一番のパーティーバンドの主宰だったんです。

——うわー、それは素晴らしいご縁ですね。

武田　毎週末、町のいろんなところで生演奏のパーティーがありました。誕生パーティーであったり結婚式であったり、女の子の十五歳の誕生日を盛大に祝うキンセアーニョスというパーティーであったり。当時、町にサックスを吹く人があまりいなかったこともあって、サックスを持って行ったらいろんなバンドに交ぜてもらえて、結構演奏していたんですよ。人前で演奏する楽しさは、メキシコ留学時代に知ったなあと思っています（写真2）。

――武田さんのYouTubeチャンネルを拝見すると、どれもリズミカルで、ワクワクしてこちらまで踊りたくなってしまうようなところがあるのですが、なるほど、根っこにはメキシコ時代の音楽経験があったのですね。ただ、この頃はまだ口笛は披露していなかったんですよね。

武田　たまにやらせてもらうこともあったんですけど、当時は口笛というより、上下の前歯を使う歯笛だったり指を使わずに舌の形を利用する舌笛だったり、いろんな種類の口笛を吹けることにおもしろさを感じていたこともあって、人前で口笛を吹いた記憶はあまりないですね。ただ一つだけ原体験としてあるのが、クラスメイトのお父さんのパーティーバンドの演奏について行かせてもらったときのことです。大きい楽団なので大型バスに乗って移動するのですが、そのお抱えの運転手の人がすごく口笛が上手かった。

――その人はミュージシャンじゃないんですよね？

武田　ミュージシャンじゃないです。普通のおじさんでこんなに上手い人がいるのかと衝

写真2　メキシコ、パーティーバンドでの演奏

撃を受けました。この人はこんなに上手なのに、世界大会には出てないんだ、って。この体験はずっと後、二〇二〇年に「グローバル・ウィスリング・チャンピオンシップ（GWC）」というオンラインの口笛コンテストを開催することにつながっていきます。そもそも、口笛の大会に航空券買ってホテル代払って有休取って参加できる人ってほとんどいないわけですよ。大会には出場できないけど、口笛がめちゃめちゃ上手い人たちが世界にはごまんといる。そういう人たちがちゃんと日の目を見るようにしたいという想いがあって、なんとか誰でも参加しやすいオンライン大会をしたいと思っていたと

ころで、新型コロナのパンデミックがあってオンラインでコンテストを開催することになった。そもそも最初のきっかけは、このバスの運転手さんだったんです。

ニコニコ動画から世界大会へ

――口笛の大会に初めて参加したのは、では、メキシコから帰国してからですか。

武田　そうです。第四回日本オープンくちぶえ音楽コンクールに初出場して準優勝しました。予選が二〇〇九年秋で、本大会は二〇一〇年三月。日本人として初めてアメリカの大会に出場して入賞した、もくまさあきさんという方がいて、その方が主宰する大阪の「日本口笛音楽協会」という団体が大会を主催していました。優勝したのは、くちぶえ村の村長さんという、ニコニコ動画で口笛の動画をいっぱいアップロードして活躍していた方です。実はぼくも高校のときからニコニコ動画に口笛の動画をアップしていたんです。ほかの人の演奏も聴きながら、おれも負けてられないぞってアップするんですけど、ページを何回更新してもなかなか再生回数が伸びないという……。

写真3　中国、国際口笛大会で初優勝

——ははー、やっぱりニコ動出身者って多いんですね。米津玄師さんもニコ動出身でしたね。本当にたくさんの才能が登場しましたね。

武田　ぼくはニコ動出身と言えるほどニコ動で活躍したわけではないですが……。同じ二〇一〇年には中国の青島《チンタオ》で第三七回国際口笛大会もありまして、ぼくは大学入りたての十八歳だったので、ティーンの部に出場して優勝しました（写真3）。

——どんな曲を吹いたんですか？

武田　クラシック部門とポピュラー部門があって、クラシックはモンティの「チャルダッシュ」（▼2）、ポピュラーはジャズスタンダードの「インディアナ」です。両方の部門で演奏しないと総合優勝できないことになっています。

――「チャルダッシュ」は超絶技巧の難曲として知られていて、これについては武田さんにコラム（一九一頁）を書いていただいていますので、ぜひそちらを読んでいただくとして、この優勝がきっかけで音楽大学に行こうとは思わなかったですか。

武田　音楽は趣味で、学業とは別だと考えていましたね。音大に口笛科があったら話は違ったかもしれませんが。大学はアメリカに行く準備をしていて、奨学金をもらうことが決まっていたんですよ。東京大学に入学したのは、どこまで本気かわかりませんが、親から「どこに行ってもいいけど東大に入れる学力だけはつけておけ」と言われていたので併願で受験していたからですね。

――東大は半年ほどで休学して、バーモント州のミドルベリー大学に行かれていますが、ここでは何を専攻していたんですか？

武田　ミドルベリー大はリベラルアーツカレッジといって、教養学部の三年次に専攻を決めるというシステムなんですね。ぼくは「インターナショナル＆グローバルスタディーズ」という、地域と学問分野と言語を一つずつ選んで組み合わせるという専攻で、アフリカ地域と地理学とフランス語を学びました。ラテンアメリカはメキシコで見たから、次はアフリカだろうと考えたんですね。東大に入学してすぐ開発論の授業を取ったのですが、ほとんど出席せずテスト前にギリギリで教科書を読んでみたら、なんだこれは、おもしろいと思ったというのもあります。フランス語もやりたかったですし。

――ミドルベリー大時代に、アフリカにも留学されていますね。

武田　三年次をカメルーンの首都ヤウンデで過ごしました。アメリカの大学は三年次から留学する人が多くて、たまたまぼくの年にミドルベリー大がカメルーンにプログラムを開校したんです。その一期生でした。中央アフリカカトリック大学に通いました。

――カメルーンはフランス語と英語が公用語ですが、どちらですか？

武田　フランス語圏です。大学では人類学や政治学の授業に参加しました。フランス語を身につけたいということもありましたけど、それと同時にアフリカを生で体験したかった。勉強しに行ったというよりは、体験・経験しに行ったというほうが近いかもしれないです。

▶ 2

モンティ：チャルダッシュ（武田裕熙）
https://www.youtube.com/watch?v=L91_FjSPlK4

アメリカとアフリカでの音楽体験

——アメリカとアフリカでの音楽体験はいかがでしたか？

武田　ミドルベリーでは一年の最初から同じ寮の人たちとジャズバンドをつくって、大学のレストランとかイベントで演奏したりしました。ダンスも始めて、スイングダンスやサルサなどいろいろ踊りましたね。やはり音楽の根底には踊りがある、というか、リズムのとらえ方が変わりました。カメルーンに行ってからはアフリカのポリリズムにすごく感化されました。

——ポリリズムというのは、二種類の異なるリズムが同時に進行することですね。バリ島のケチャが思い浮かぶのですが、アフリカ音楽の基本でもありますね。

武田　カメルーンにはカメルーンの民族音楽がいくつもあって、そのダンスがすごくおもしろかった。とくにビクチ（＊11）という種類の音楽が気に入って、よく踊っていました。地元のバラフォン（木琴）の生演奏をやっているバーなんかに行くと、一人だけアジア人がいるというので司会の人にステージに引っ張ってこられて、そこで踊ってみせると場が大いに沸くんです。また、街中を歩いていると見た目が違うからいろいろ人種差別的なヤジを飛ばされたりするんですが、それにおもしろおかしく応えると向こうも顔がぱっと明るくなる。たとえば「おう、ジャッキーチェン！」とか言われたら、「ノン、ブルースリー！」なんて返したりすると予想外の反応に笑ってくれるんですね。自分がいるだけで周りの人たちを笑顔にできるんだ、という嬉しさから、ぼくはエンターテイナーになろう、エンターテイナーであろう、とそのときに思いました。

――いい話だなあ。武田さんのステージにはいつも、お客さんを楽しませたい、最高のパフォーマンスを届けたいという熱い想いが感じられるのですが、その原点をうかがったような気がします。

武田　ほかにもヤウンデでは、町で唯一のジャズバーみたいなレストランでジャムセッションに参加したり、ワンマンライブをやらせてもらったりしました。アンスティチュ・フランセ（フランスの支援する文化会館）では自作のビクチを力メルーン人とバンドを組んで披露

＊11　カメルーンの森林地帯に伝わる伝統的な音楽と踊りが一体となった総合的な芸術表現。

したりもしました（写真4）。大学の合唱コンクールもおもしろかったですね。みんなで布を買ってきて衣装をあつらえたりして。カトリック系の大学だったので讃美歌をうたうんですが、アフリカの讃美歌ってポリリズムでノリノリだったりするんですよ。日本人のもっている教会の静謐《せいひつ》なイメージと全然違う。

――キリスト教会を取材して感じたことですが、国の違いだけでなく教派によっても、同じ神様を信じているとは思えないほど違いがありますね。四年次にはミドルベリーに戻られたんですか？

武田　そうですね。戻ってからは室内楽の先生について、一学期間かけて室内楽のリサイタルをやるというプロジェクトをやりました（写真5）。

――室内楽というと、クラシックですか？

武田　クラシックです。

――どんな楽器を演奏なさってたんですか？

武田　口笛をやりたいって言いました。

――おおー、ついに。

武田　国際口笛大会にはクラシック部門があったんです。ピアノこそやっていましたけど、

写真4　カメルーン、バンドの仲間たちと

自分はクラシックが流れている環境で育ったわけでもないですし、あんまり得意ではない。でも大会に出るためにいろいろ曲を探していたら、室内楽の器楽が好きだなって思うようになったんですね。

――口笛で演奏した思い出深い曲はありますか?

武田　イベールの「戯れ」(♫1)というフルートの曲です。今考えてみると、よくあんなことをやったなと思うほどむずかしい曲なんですけどね。ちょうどその のリサイタルと、二〇一四年の

♫1　イベール:戯れ(武田裕熙)
https://soundcloud.com/siffleurdujapon/8-jeux

大会が時期が重なったのもあって、心血を注いで練習した曲です。

――フルートの曲なんですね。

武田 フルートとかオーボエとかトランペットの曲を口笛で吹くことが多いですね。

――やっぱり管楽器なんだ。

武田 そうですね。そのあたりが音域的にも吹きやすいので。

――武田さんは歌もうたってらっしゃいますが、いつ頃から始めたのですか？

武田 小さい頃からずっとうたうことは好きでした。中学校の頃は合唱が大好きでしたし、もっと直接的なきっかけとしては、東大でラテンアメリカ文化研究で知られる石橋純教授のベネズエラ音楽の授業をとって、そのまま彼が顧問を務めるベネズエラ音楽を演奏する学生団体に入ったことが大きいです。アメリカに留学はしたけれども、向こうの長い夏休みに帰ってきてはずっとベネズエラ音楽をやっていた。スペイン語ができるので、積極的にボーカルをやったりして、それで人前でうたうようになったというのはありますね。石橋先生にはその中で音楽的な面だけでなく、招聘《しょうへい》アーティストの通訳やアテンドをやらせてもらったり、演奏会の制作や広報について学んだりと、今の自分の音楽活動にとって大切なことを多く教わりました。今でも口笛と同じぐらいの頻度でベネズエラ音楽の演奏を続けています。

――学生時代はこれ以上ないほど豊かな音楽体験をなさったのですね。卒業してすぐ帰国されたのですか。

武田　日本に帰国する前に、アメリカの東海岸を口笛の知り合いを訪ねて南下していくという卒業旅行をしました。口笛のコミュニティって狭いので、世界大会やオンラインを通じて世界中の人とつながるんです。みんなすごく仲良しで、どこの国に行っても知り合いがいる。政治的背景も経済的背景もバラバラで、いろんな考え、思想をもつ人がいて、普通では絶対に出会わないだろうと思う人も、口笛という共通のものがあるから友だちになれます。

写真5
アメリカ、クラシックリサイタルのポスター

――武田さんの場合は語学もできるから、国境を容易に越えられる。やはり、武田さんにとって

口笛と言語は切り離せない関係にあるのですね。

武田　口笛って、口笛を吹かない人と交流するときでもつかみになるし、言葉があるからずっと関係性を続けられる。言葉と口笛の両方をやっていてよかったと思います。卒業旅行は最後にニューオリンズに行ったのですが、街中でストリートミュージックをやっているようなところで、一度参加したことがあるんです。そのとき一緒にやったミュージシャンから、「きみはいろんなことをやっているようだけど、口笛は特別な才能だから絶対続けなさい」と言われた。音楽の地でそんなふうに褒められたのは嬉しかったです。

――それは心強い言葉ですね。その頃はもう本格的に口笛のプロになってやろうと思っていましたか？

武田　それ一本で生きていく、とは思いませんでしたが、演奏活動は自然と継続してきて、その中で徐々にお金をいただいて演奏する、という意味でのプロ意識が出てきました。ベネズエラからの来日アーティストとの交流の際にプロに交じって口笛でセッションさせてもらった経験は大きかったですし、大学時代の音楽仲間とは社会人になってからもバンドを組んで何年間かライブをやっていましたね。

――武田さんが主宰するジャズトリオ「Two Cats One Dog」（のちにカルテット「Two Cats

Two Dogs」）（▼3）や、モダンベネズエラ音楽ユニットの「5años（シンコアーニョス）」（▼4）の演奏をYouTubeで拝見しました。彼らとの演奏の経験はやはり大きかったのではないですか。

武田　バンドを組んで演奏する中で、自分の口笛や歌の音楽的な立ち位置について考えたり、お客さんを呼んでお金をもらって演奏するということに真剣に向き合ったり、そういった意味でミュージシャンとして重要な経験をしましたね。二〇一八年にフィリピンに移住したタイミングでバンドを解消して、ソロ名義での活動がメインになったのですが、東京に戻ってからも当時の仲間と共演することもよくあって、かけがえのない友人たちです。

▶ 3　**Autumn Leaves (Two Cats One Dog)**
https://www.youtube.com/watch?v=kssGeOJbYzc

▶ 4　**Alma Llanera (5años、コロンえりか)**
https://www.youtube.com/watch?v=IqwUF_G-r6M

世界大会で一位になるということ

――武田さんはその後、外資系コンサルなど会社勤めをしながら口笛大会に出場なさっていますね。二〇一四年に川崎で行われた国際口笛大会（ＩＷＣ）では成人男性とアライドアーツ部門の二部門で二位、二〇一九年にロサンゼルスで開催された口笛音楽マスターズ国際フェスティバル＆コンペティション（ＭＭＷ）では総合男性一位になりました。そして二〇二四年に開催された第四六回口笛世界大会では、弾き吹き部門で優勝。十代で牛久の大会を見に行かれてからの悲願でもあった伝統ある大会で、ついに世界チャンピオンになりましたね（写真6）。タイトルをもつことで何か変化はありましたか。

武田　タイトルをもつことによって背負うものがあるというか、世界大会で一位になるということは、自分の口笛が世界で一番上手い、逆に言えば自分の口笛が天井だと思われてしまうということです。本当は、一度コンテストで一位になったというだけでもっと上手い人は何人もいるわけですが。でもこのプレッシャーって、ぼくにとってはすごく大きくて、ティーンの部で優勝したときから、いや、口笛音楽の素晴らしさって全然こんなもんじゃないんだよ、もっともっといい音楽を届けたい、天井はこんなところじゃないと思いながら常にやっています。年を重ねるにつれて技術は向上していると思いますが、毎年コンクールがあるたびに新しい優秀な奏者が出てくるんですよね。そうすると、上はいくらでもいるな、負けないようにがんばるぞという気持ちになります。

――メキシコの楽団のバスの運転手さんみたいな方もいらっしゃるわけですからね。そんな武田さんを支えるものって何でしょう。ニューオリンズのストリートミュージシャンの言葉も大きかったと思いますが、ほかに記憶に残っている言葉はありますか？

武田　やっぱり演奏のたびにお客さんにかけられる言葉には励まされます。演奏のあと泣きそうになったって言われたことがあって、それは高校の同級生だったんです

写真6　2024年世界大会にて
左から、アメリカ大会の主宰キャロル・アン・コフマン、武田、最相

が、自分の演奏にはそういう力があるんだなって嬉しく思うと同時にびっくりしました。自分名義のアルバムはまだ出したことはないんですが、代打で出演したコンサートで、あなたのCDが欲しいと言われたこともありました。ときどき共演させていただくジャズピアニストの谷川賢作さんには、MCで「彼は本当にすごいフレーズを吹く」と言われて嬉しかった。みなさんにかけていただく言葉は、演奏を続ける原動力になっている気がします。

――私も武田さんの演奏に魅了された一人ですから、みなさんのおっしゃる意味はよくわかります。YouTubeでも演奏を公開されていますが、仕事につながっていますか？

武田 ジャズの口笛奏者となると世界的にもそれほどいないので、出演や共演、録音の機会をいただけることがありますし、取材を受けることもありますね。オーストラリアの広告代理店の人がYouTubeを見て連絡をくれて、テレビコマーシャルのBGMに採用されたこともありました。謝礼がかなりの金額で、そうか、なんでも本気でやればお金になるんだなと思いました。

――趣味で口笛を吹いていた頃と違うことってなんでしょう？

武田 やっぱり、口笛という看板を背負っているという意識でしょうか。ほとんどのお客さんが初めて聴くことになりますので、口笛音楽ってこういうものなのかと思いますよね。

そのとき、また聴きたいな、口笛っていいなと思ってもらえないと業界全体にとって損失になるわけですよ。口笛という楽器に泥を塗らないようにしないといけないないなと思っています。

――今、口笛という楽器とおっしゃいましたね。

武田　はい。

――どういう意味ですか、口笛は楽器ですか？

武田　ぼくの中では、口笛は楽器、口笛音楽は器楽という意識で考えています。この本をきっかけに、みなさんの中で口笛の位置づけが変わるといいなと思っています。フルートとかトランペットのようなものだと認識している人はあまりいませんからね。

――そういえば、武田さんが二〇一五年にＴＥＤｘに出演されたとき、おっしゃっていましたね。バイオリニストがコンクールで優勝したら仕事がどんどん来て有名になっていくのに、口笛大会で優勝してもなかなかそうはならないって。ジョークまじりでそこは会場が沸いた瞬間でしたけど、口笛ってほとんどの人が吹けるから楽器だとは思われていない。そもそも、私自身がそうでしたから。だからこの本では口笛についていろんな角度から迫っていきたい。口笛の歴史や科学、楽器としての口笛まで、実践を交えてお話ししていただきたいと思っています。ちなみに、歌が下手でも口笛は上手く吹けるようになりますかね？

武田　なると思いますよ。口笛が上手い人は必ずしもみんな歌が上手いわけではないと思いますし。

——声域以上の音も口笛だったら出る可能性はあるわけですね。

武田　そうですね。

——私はほとんど口笛が吹けないので、本が出る頃には吹けているといいなあ。

間奏②

「上を向いて歩こう」の時代

最相

一九六八年十月に開催されたブラジル国際歌謡祭は音楽史に刻まれるイベントだ。軍事政権に抵抗するアーティストたちの芸術運動「トロピカリズモ」の影響を受けて開催され、逮捕者、亡命者が続出した。国鳥に祖国への想いを託した「Sabiá」で一位となったシコ・ブアルキ、今もプロテストソングとして歌い継がれる「Caminhando（花は云えない）」で二位となったジェラルド・ヴァンドレも例外ではない。

そんな歌謡祭に招かれ、入賞した日本人がいる。当時、「上を向いて歩こう（Sukiyaki）」で世界的な成功を収めていた、坂本九だ。この日披露したのは、マイク眞木作詞、中村八大作曲の「さよならさよなら」。中継映像が残っている。中村の指揮でピアノがイントロを奏でると、坂本がいきなり口笛を吹く。シンプルだが胸を打つ「さよなら」が繰り返され、間奏で再び口笛が奏でられる。ホールは熱気に包まれ、拍手喝采が鳴り止まない。日の丸を掲げるのは日系人たちだろうか。ブラジルでの大歓迎は、「Sukiyaki」がすでに人々の心に届いていたことの証《あか》しだろう。

音楽プロデューサー・佐藤剛の『上を向いて歩こう　奇跡の歌をめぐるノンフィクション』（小学館文庫）によれば、この歌はもともと、六〇年安保闘争に挫折した経験を表現した「泣き虫の歌」だったはずが、プレスリーに憧れて歌手になった坂本のファルセットボイスで軽快な曲に生まれ変わり、大ヒットしたという。間奏で坂本が吹く口笛はアドリブかと思いきや、作曲者・中村の楽譜にはちゃんと「口笛」の指示があった。

坂本には「口笛だけが」という歌もある。もはや坂本九と口笛は切っても切れない関係にあるようだが、実は「さよならさよなら」は本来、イントロも間奏もハーモニカである。なぜブラジルで口笛を吹くことになったのだろう。ご存じの方、いませんか？

口笛音楽の近現代史

第三章

宮廷からサーカスまで

——ここからは、いよいよ音楽としての口笛の話に入りたいと思います。口笛が音楽として発展するためには、より広く、より多くの人に伝えること、技術的には録音技術やマイクロフォンの発達が関係しているようですね。そもそもの始まりというと、どのあたりになるのでしょう。

武田 口笛の音楽について近世以降で一番古い記録は、十八世紀初頭のフランスにあります。ミッシェル・ド・ラ・バール（Michel de la Barre, 1675? -1745）というフルートの曲を多く書いたフルート奏者兼作曲家で、その人が歌と口笛のために書いた曲を一曲だけ文芸誌に発表しているんです。

——え、文芸誌ですか？

武田 ええ。知識人向けに宮廷の話題や文芸作品やニュースを提供する「メルキュール・ガラン」という雑誌で、その一七一〇年十二月号に楽譜が掲載されています（図1）。歌と口笛を交互に演奏する曲です。

――ルイ十四世の時代ですね。宮廷での演奏会で口笛が吹かれたのでしょうか。

武田　どこで演奏されたのか、誰が口笛を吹いたのかまではわからないのですが、文献として残っている口笛のための曲はこれが最古のようです。ヨーロッパ以外で何かしらあるかもしれないですし、たとえばアイルランドであれば伝統音楽の中に口笛が入っていたり

図1　ミッシェル・ド・ラ・バールの書いた楽譜

というのはあるのですが。

――楽譜に残っていないとなると、探すのがむずかしそうですね。

武田　そうなんです。その次となると、一七七〇年代にイタリアのナポリ出身の口笛奏者がイギリスのサーカスで活躍したという記録（*12）が残っています。

――名前はわかっています

か？

武田　ガエターノ・ロシニョール（Gaetano "Rossignol", 生没年不明）というんですけど、鳥のナイチンゲールをフランス語でロシニョールっていうんです。

——鳥の名前ですか。何か関係あるのでしょうか。

武田　芸名だと思いますね。スコットランドやアイルランドのほうも結構ツアーで回ったと。主に鳥の鳴き真似やバイオリンの声帯模写をやっていたようですが、オーケストラと一緒に口笛でコンチェルトを演奏したという記録が残っています。コンチェルトのほうはあまり評判が良くなかったみたいで、後々すぐに演目からはずされているようですが。ですから、始まりはやはり、ショービジネスであったということですね。新奇なもの、奇をてらったものを披露する。文献の中では「throat」（喉）という単語がいくつか出てくるので、もしかしたら口を開けて喉で吹くタイプの人だったかもしれません。そのほうがサーカス的には納得がいきますよね。見せ物として、明らかに普通ではない。

——奇人、変人という扱いですね。

武田　そうですね。彼の演目はそれなりに人気があったようで、一八〇〇年まで活動していたようです。

アイルランドの口笛文化とジャガイモ飢饉

武田　さきほど少し話に出ましたが、この時代のヨーロッパで特筆すべきなのがアイルランドです。アイルランドには伝統的に口笛で音楽を演奏する文化があって、実はちょうど今年、アイルランドの口笛文化の二百年以上の歴史を網羅した五五〇ページ以上もある本（*13）が出版されたんです。早速著者にコンタクトして購入してしまいました。——なんていいタイミングでしょうか。私たちの本は口笛のすべてに迫るすごい内容になりそうな予感がしますよ。

*12　Philip H. Highfill, Kalman A. Burnim, Edward A. Langhans, A Biographical Dictionary of Actors, Actresses, Musicians, Dancers, Managers and Other Stage Personnel in London, 1660-1800 Vol.13, SIU Press, 1973. Thomas Frost, The Old Showmen and the Old London Fairs, DigiCat, 2022.

*13　Robert Harvey, Feadaíl: The Whistling Tradition in Ireland c.1800-2021, Comhaltas Ceoltóirí Éireann Dublin, 2024.

武田　ははは。その本によると、昔から農作業をしているあいだはみんな口笛を吹いていて、とくに馬耕《ばこう》や牛の乳搾りをする人は、馬をなだめたり、乳の出をよくしたりするために口笛を吹いていたので、農民には口笛の上手い人が多かったといいます。ほかにも移動中や市場の物売りなど、男子はみんないつでも口笛を吹いていて、口笛がアイルランドの景観やアイデンティティの一部になっていたほどでした。

――国中に口笛があふれているなんて、愉快だなあ。

武田　ほかの楽器を弾くミュージシャンたちも、もともとアイルランド音楽は口頭伝承の文化ですから、楽器を持っていないときでも曲を教えたり教わったりすることができる、ということで口笛を重宝していたようです。

――なるほど、やはり楽器代わりとしての口笛というのはありそうですね。

武田　それだけ口笛を吹く人口が多かったので、口笛そのものの演奏技術もかなり発展していたようで、多くの口笛奏者たちが現代ではウォーブリングやインワード奏法と呼ばれる特殊技術を使っていたようです。現代アイルランドの最高峰の口笛奏者、ショーン・ホワイト（Sean White）の演奏を聴いていただきたいのですが、速くてむずかしいフレーズをさらっと吹きこなす上に、息継ぎをほとんどしていないんですよ（♫2）。

――わあ、本当に切れ目がわかりませんね。笛のような音です。

武田　そんな素晴らしいアイルランドの口笛文化なのですが、一八四〇年代後半にジャガイモ飢饉（*14）が発生して、言語やほかの伝統文化と同じように口笛で音楽を吹く習慣も失われてしまった。餓死や大量移民によって多くの口笛奏者がいなくなったことに加えて、口笛を低俗な習慣として嫌った中流階級との交流が増えたことや、移民先への同化圧力、農業の機械化、鉄道など移動手段の近代化、喫煙や噛みタバコの広まりなどさまざまな理由で、アイルランド人はどんどん口笛を吹かなくなってしまったそうです。

――口笛がそんな悲劇的な運命をたどっていたとは驚きました。しかし、一度人口に膾炙《かいしゃ》した口笛音楽をまったく捨て去ることができるものでしょうか。思わず吹いてしまうのが口笛のはずですが。

武田　そうなんです。さすが口笛文化のある国といいましょうか、一八〇〇年代

*14　一八四五年から一八五二年にかけてアイルランド島ではジャガイモの疫病と政治的失策が重なり大飢饉が発生した。一〇〇万人以上の餓死者と大量の移民が発生し、島の人口が約二〇パーセント減少、島の暮らしや文化、景観に恒久的な変化を与えた。

♫ 2　**The Sweeps（ショーン・ホワイト）**
https://roberttharvey.bandcamp.com/album/feada-l-the-whistling-tradition-in-ireland-c-1800-2021

初頭以降、新聞記事や裁判記録などでだれだれがどんな曲を吹いた、といった記載が結構あって、一八四〇年代から五〇年代にはジョイス（Patrick Weston Joyce, 1827-1914）という歴史家・音楽蒐集《しゅうしゅう》家が伝統曲を蒐集する中で、口笛で吹かれた曲も多く採譜していてそれが後に出版されているなど、十九世紀のアイルランドの口笛音楽の記録はほかに類を見ないほど豊富です。一九〇〇年代初めからは伝統音楽の枠組みの中で口笛コンテストが開かれるようになって、なんと現代までその流れが続いているんですよ（詳細は二〇二頁）。

——アイルランドの口笛は深掘りしたくなる魅力がありそうですね。その分厚い本、日本語訳があったらぜひ読んでみたいです。

録音技術とスター誕生

武田　アイルランドの例を除くと、ガエターノ・ロシニョールの次の口笛奏者の登場までは一世紀ほど時間が空いてしまいます。一八八〇年代、音楽の都ウィーンではジャン男爵（Baron Jean, 本名 Johann Tranquillini, 1855-1895）という口笛奏者がヨハン・シュトラウスⅡ世の

「春の声」（一八八二年）を演奏して大人気を博したという記録が残っています。そしてほぼ同時期、一八八〇年代後半に、アリス・ショー（Alice J. Shaw, 1853-1918）（＊15）というアメリカ出身の女性の口笛奏者が、ヨーロッパをはじめ各地をツアーして回った記録が残っていて、この人はエジソンが発明したフォノグラフというろう管蓄音機が市販された一八八八年にイギリスで録音を残しています。これがなんと、YouTube にアップロードされているんですよ（♫3）。聴こえるかな。

——ほう、これは素晴らしいですね。武田さんはどうお感じになりますか？

武田 上手いです。いろんな技巧を駆使していますね。この録音は即興演奏と書いてあるので口笛だけですが、楽器と一緒に演奏した録音も残っているんです。

——どういう技巧を使っているのですか。

武田 鳥の鳴き真似をふんだんに採り入れていますね。音楽と鳥の鳴き真似の芸

＊15 Erin Doane, "Elmira's Whistling Prima Donna: Alice Shaw," Chemung Country Historical Society, 2 March 2020. (https://chemungcountyhistoricalsociety.blogspot.com/2020/03/elmiras-whistling-prima-donna-alice-shaw.html)

♫3 アリス・ショーの口笛
https://www.youtube.com/watch?v=e0Nh-TQSwv0

術というか、融合させた芸というか、アートですね。

――アリス・ショーって、どんな人だったんだろう。

武田　四人の娘がいる母親で、夫が事業に失敗して家族を置いて出ていったときになんとか家計を支えようとして思いついたのが、得意な口笛のパフォーマンスだったそうです。

――芸は身を助く、ですね。

武田　当時の社会を考えると、女性で口笛が得意というのは珍しかったと思うのですが、とにかく各地を回って大成功を収めた。ショーはアイルランドも訪れていて、三日間だけの滞在だったにもかかわらず、その後アイルランドで女性口笛奏者が多数現れたそうですから、すごい影響力だったことがうかがえます。やはりエンターテインメントとしておもしろかったんじゃないかなと思いますね。

――アイルランドには口笛文化の土台があったことも関係あるのかな。それにしても、録音が残っているというのはすごいですね。演奏はマイクを使っていたんでしょうか。

武田　当時はまだマイクロフォンは実用的なレベルにはなかったので、ステージで生演奏していたんじゃないかと思います。口笛は楽器や歌と比べて音量が小さいので、いくら高い音が通りやすいとはいえ、響きの良いホールでないと大人数の前で演奏するのはやはりむずかしかったと想像します。

——だとすると、録音技術が発明されたことは不特定多数の人に届けるためにとても重要な転換点でしたね。

武田 そうですね。録音といえば同時期の人でジョージ・ジョンソン（George W. Johnson, 1846-1914）というアフリカ系アメリカ人の口笛奏者がいます。彼は一八九〇年代前半に世界で一番売れたレコーディングアーティストでした。

——世界一の売れっ子スターが口笛奏者だった、ということですか。

武田 ええ。かつアフリカ系アメリカ人では初のレコーディングアーティストです。それが口笛奏者だった。彼はもともと解放奴隷でニューヨークのストリートで演奏していて、どうやらフェリーのターミナルで吹いているところが当時のレコード会社の担当者の目に留まってレコーディングすることになったようです。

——どんな曲を吹いていたんでしょうか。

武田 当時、ヴォードヴィルで人気だった曲です。口笛だけではなく、歌と口笛を両方使って演奏していました。

——口笛の曲が世界一のヒットソングになった！

武田　すごい話ですよね。口笛で一発あてててしまった。ところが、当時のレコーディング事情として、ろう管って複製が利かないんですよ。

――それ一点だけということですか。

武田　そう、録音したらそれきりなんです。彼は歌だけの曲も出しているんですが、歌と口笛を合わせて数万本売れたといわれていて、つまりそれは彼が数万回録音をしたということになります。一発あてて、そこから先が大仕事です。

――コピー&ペーストができないですからね。

武田　多いときは一日に五〇回以上同じ曲を録音したといわれています。強靭な喉と驚異的な精神力です。ぼくなんか、YouTubeの動画をとるのにOKが出るまで五〇テイクしたりするのに、一発録りでOKテイクを一日五〇本ってちょっと想像ができない世界です。

――一日八時間で五〇本収録するとして、一本あたり十分以内でOKにしなければいけませんね。貧血になりそうだ……。

武田　しかも、数万本すべての録音が一つ一つ若干違う。現代のアルバムだとボーナストラックで「別テイク」が入ってたりするわけですが、彼の時代はすべてが別テイクだったんですね。YouTubeにいろんなテイクがあるので、ぜひ聴いていただきたい(♪4)。十九世紀の録音がこんなにたくさん現代まで残っている。本当に何万本も売れたんです。

――これは何回目の録音なんでしょうね。

武田　気になりますよね。この曲は「The Whistling Coon」というタイトルなんですが、「Coon」というのは「ニガー」に匹敵するような非常に悪い黒人の蔑称です。ろくでもなしの怠け者みたいなニュアンスを含んでいる。なので、そんなステレオタイプな人を思い浮かべるような歌詞になっています。口笛ばかり吹いているしょーもないやつみたいな。

――やっぱりそうなっちゃうんだ。

武田　今では絶対に使わない言葉ですね。

――でも、忘れてはいけないとても大事な歴史だと思います。

武田　ショーやジョンソンと同時期には、ジョン・ヨーク・アトリー（John Yorke AtLee, 1853-1933）（♫5）というコロムビアレコードの口笛奏者がいます。彼は白人なんですけど、一八九〇年代の初め、コロムビア

♫4　The Whistling Coon（ジョージ・ジョンソン）
https://www.youtube.com/watch?v=hbv3Q0PMD6Q

♫5　The Mocking Bird（ジョン・ヨーク・アトリー）
https://www.youtube.com/watch?v=opYeIh5aoyY

でアメリカ海兵隊バンドの次に人気のあるアーティストだったそうです。

――アメリカ海兵隊バンドってそんなに人気があったんですね。

武田　当時録音を聴いていた層は限られていたとはいえ、どれほど口笛音楽が人気であったかがうかがいしれるかと思います。クラシックから流行歌まで、既存の曲もあればオリジナル曲ももちろんありますし。アーサー・プライヤーの「口笛吹きと犬」が書かれたのも一九〇五年、近い時期ですね。

――楽器でやるより、口笛のほうがふっと作曲できちゃいそうな感じはありますね。

武田　ほかの楽器でやろうと思うと、弾きながらだと手が使えないので書けないじゃないですか。口笛だったら吹きながら楽譜を書けたり、伴奏楽器を弾けたりするんですよね。だから作曲家でも、鼻歌の代わりに口笛を使って作っている人って少なくないと思います。このあいだも、ビートルズのポール・マッカートニーが、ぼくらは楽譜の読み書きが苦手だから、作曲するときはジョンと口笛を吹きあっている、と話している記事を読みました。一九六四年のガーディアン紙(＊16)です。

――わあ、おもしろい。探せばほかにもたくさんいそうですね。口笛で作曲している方、ちょっと手を挙げていただきたいですね。

エンターテインメント・ショービジネスとして

武田 録音技術が発達したのと同時期、一八九〇年代から、アメリカやイギリスでは劇場でいろんな芸を集めたショーをやる形のエンターテインメントが非常に盛んになりました。アメリカではヴォードヴィル、イギリスではミュージックホールというんですけれども、歌であったり、スタンドアップコメディであったり、マジックであったりと、いろんな演目の一つとして口笛の演奏があって、人気があったようです。さきほどのアリス・ショーもそういう舞台で活躍しました。一方、音楽の都ウィーンでも、大衆音楽で人気を博したシュランメル兄弟の楽団に、歌手やヨーデル歌手に並んで口笛奏者のポジションがあるなど、ジャン男爵以降たくさんの口笛奏者たちが活躍したようで、華やかなトリル（二つの音程を行ったり来たりすること）を多用した録音が残っています（♪6）。お隣ドイツにもギド・ジア

*16 Al Aronowitz, "Beatlemania in 1964: 'This has gotten entirely out of control'," The Guardian, 29 Jan 2014.

ルディーニ（Guido Gialdini, 1880-1943）というプロの口笛奏者がいたようです。

——奇人変人とは違って、アーティストとして表舞台に立つようになったのですね。

武田　そうですね。ほかにも、アメリカではライシーアム運動（＊17）やショトーカ運動（＊18）といった大衆に向けた教育啓蒙とエンターテインメントと娯楽を混ぜたような場を提供する運動が盛んに行われていました。たとえば政治家の演説があると、そのあとに歌手のパフォーマンスがあった。地域でやっているところもあれば、サーカスみたいに移動してあちこちの街を回っていくパターンもあって、そこに口笛奏者が入って口笛を吹く。

——それは口笛奏者がバンドのメンバーの一人として入っているわけじゃなくて、ソロのアーティストとして参加するようになったということですか。

武田　そういうことですね。こちらも人気だったそうです。

——マイクロフォンは、どういうタイミングで使われ始めたのでしょうか。

武田　だいたい蓄音機と同じ頃で、ちゃんと遠隔へ音声を届けられるようになったのは一八七〇年代の後半からで、これもエジソンが関わってるみたいですね。

——やっぱりエジソンなんだ。

武田　アメリカではベルリナーとエジソン、イギリスではヒューズという三人がまったく同時期に発明して、先に特許を取ったのはエジソンだったようです。

――ということは、さきほどのアリス・ショーやジョージ・ジョンソンの頃にはすでにマイクロフォンがあるということですね。

武田　いや、あるにはあったんですが、たぶんマイクロフォンでは録音していないでしょう。ラッパに吹き込むスタイルじゃないかな。マイクロフォンが実際にスタジオなどで使われるようになったのは一九二〇年代だそうです。一九二〇年代の半ばには、コロムビアレコードがスタジオ録音にマイクロフォンを使い始めたという記録（*19）があります。でも、マイクロフォンがなかったからこそ初期の録音では口笛が流行したのかもしれません。

*17　十九世紀前半に始まった文化向上運動。教育家が中心となり、主に労働者、職人を対象に講演会や討論会を通じて成人教育と地域の知的交流を促進。アメリカの教育システムの発展に寄与した。南北戦争後、ショトーカ運動にとって代わられる。

*18　十九世紀末から二十世紀初頭に盛んだった成人教育運動。一八七四年ニューヨーク州、牧師の呼びかけで始まり、講演や音楽、演劇などの文化活動を通じて、とくに農村地域の教育と娯楽に貢献。一九二〇年代まで続き、アメリカの成人教育や文化の普及に大きな影響を与えた。

*19　Tim Brooks, ed., "Columbia Corporate History: Electrical Recording and the Late 1920s," Columbia Master Book, Volume I, Discography Of American Historical Recordings, 1999.

♫6　**Dolores-Walzer（ゲオルグ・トラマー）**
https://www.youtube.com/watch?v=LsSgq10mKrU

――口笛が録音しやすい周波数だからコンテンツとして選ばれたのでしょうか。

武田　誰かがそう言っているわけではないのですが、口笛の録音が再生時にクリアに聴こえるということが人気に貢献していてもおかしくはないと思います。先ほど古い録音を聴いてもらいましたが、声に比べて口笛の部分のほうが圧倒的にはっきりしているじゃないですか。初期の録音媒体において、口笛は非常に音が通りやすかったのではないかと思いますね。

――音が通りやすいということは大きな要素だと思いますが、ではなぜ、フルートやピッコロではなく口笛だったのでしょうね。

武田　そこは、そもそも当時はフルートがあまり楽器として人気がなかったということが関係していそうです。

――えっ、それは意外です。

武田　実は、フルートやリコーダーのような笛系の楽器は十九世紀以降、古典派やロマン派の音楽でオーケストラが金管楽器や打楽器を入れて大規模化していく中で、音量が小さかったためソロ楽器としては下火になっていたんです。二十世紀後半、第二次世界大戦後にフランスのフルート奏者ジャン＝ピエール・ランパルがソリストとして活躍してフルートが復権されるまでは、クラシック音楽で大衆が好むソロ楽器といえばピアノ、バイオリン、チェロだけだったんですね。一方で、口笛は十九世紀後半のジャン男爵やアリス・ショー以降、すでに一般大衆向けのエンターテインメントとしてある程度確立されていた。

――ああ、なるほど。楽器にも栄枯盛衰の歴史があるんですね。

武田　あともう一つ非常に重要なことですが、フルートでは鳥の鳴き真似はできないと思います。

――そうなんですか？

武田　非常にむずかしいと思います。というのは、フルートって音程が機械的に決まる楽器ですから微妙なしゃくりのように鳥がやっているいろいろなことを鳥のように表現しようと思うと、口笛のほうが圧倒的に近い音が出せるんですね。これはあくまでぼくの仮説ですが、少なくともアメリカでは、観るエンターテインメントとして鳥の鳴き真似を混ぜた口笛演奏に人気があったところに、ショービジネスの隆盛と録音技術の発展のタイミングが重なって、口笛が多く録音されたんじゃないでしょうか。

――なるほど、おもしろいですね。アリス・ショーの口笛を聴いたとき、最初、鳥の鳴き声かと思ったんですよね。やっぱりみんな最初は鳥の鳴き真似から口笛を吹くようになるのかなという気がしました。

武田　それは十分あり得ると思いますね。鳥の声を聴いていたら、口笛が吹けるから真似してみようとなりますよね。

――鳥とおしゃべりしたいなあ、というかね。

武田　日本だと、口笛を吹けるようになってみんなが最初にやるのってウグイスの真似じゃないですか。ホーホケキョって。

――はい、やります、やります。

武田　やっぱりみんなやりたくなるんでしょうね。江戸家猫八のような鳴き真似芸がウケるのも、みんなやりたいと思っているからじゃないかな。

――やりたくなりますね。鳥との関係って大事ですね。武田さんも鳥の鳴き真似ってなさいますか。

武田　ぼくはあんまりしないんですよ。音楽ばかりやっていて、鳥の鳴き真似の勉強はどうしても後回しになってしまう。すごく上手にやってらっしゃる口笛奏者の方もいるんですけど。

――周りに鳥がいないとなかなか。

武田　そうですね。自然の多いところに行って本物のウグイスの声を聴いたときなんかは真似しようと思って必死に練習することもありますが、ハトやカラスではどうにも……。

――本物のウグイス、都心ではなかなか声を聴くことができませんね。

武田　あと鳥の声って意外と音が高いんですよ。そもそも口笛で出せない音域で鳴いている鳥もいっぱいいます。

――武田さんが吹くのはあくまでも音楽の中の口笛ということですね。小さい頃からずっとそうだったのですか。

武田　小さい頃からそうですね。それこそ、ホーホケキョは一番最初にはやりましたけど、ホーホケキョのあとは、クラシックのピアノ曲を口笛で吹いていたというのが次の記憶ですから。それでも、鳥の声を聴くとおもわず真似したくなってしまいますけどね。

女性の社会進出と口笛

武田　ショービジネスにおいて口笛演奏が盛んになっていく流れの中で、女性口笛奏者たちが台頭してきます。ショービジネスで女性が出る演目そのものが人気であったことも理由の一つですが、アメリカでは同時にこの頃、女性の参政権運動とも時期が重なって、女性が社会にがんばって進出しようとしていく時期だったんです。

――何年頃ですか。

武田　十九世紀末から二十世紀初頭ですね。第一章で英語のことわざに、「口笛を吹く女と鳴くメンドリはろくなことになりゃしない」というのがあるとお話ししましたね。だいたい当時の新聞記事の書き出しがそこから始まって、でも――、と文章が続く。でも、こんなプロフェッショナルな女性の口笛奏者たちがいるんだよ、という記事が結構な数あったそうです。

――なんだか褒めているようには聞こえないなあ。

武田　やっぱり独立人であるためには収入源がないといけないということで、ショービジネスや音楽であれば、女性が自立するだけの収入を得ることができた。そこを強く押し出した人たちがいたようで、そのうちの一人がアグネス・ウッドワード（Agnes Woodward, 1872-1938）という人です。彼女はカリフォルニアに、世界最初で最後の口笛の学校を開いています。

――最後になっちゃうんですね。

武田　口笛教室は今も結構あるんですが、職業口笛奏者を輩出するという意味では、世界最初で最後です。アグネス・ウッドワード・スクール・オブ・ウィスリングという学校（＊20、写真7）で、設立されたのは一九〇九年ですね。

――何年くらい続いたのでしょう。

武田　本人は一九三八年に亡くなっていますが、マージ・カールソン（Marge Carlson, 1929-1999）という女性（＊21）がカリフォルニア・スクール・オブ・アーティスティック・ウィスリングと名前を変えて引き継いで、規模はわかりませんが一九九〇年代まではレッスンを行っていたようです。

――その学校では職業口笛奏者を輩出することと、女性の自立が同時に語られていたということでしょうか。

武田　ウッドワードが書いた教科書（＊22、図2）があるんですけど、その前書きで、口笛奏者

＊20　Portrait of Harold A. Parker, the "Agnes Woodward School of Whistling recital, Suite 521, 8th and Beacon Street, Los Angeles. 1928.," 1928, photCL 402, The Huntington Library, San Marino, California.
＊21　Sondra Farrell Bazrod, "Music: She Whistles While She Works," Los Angeles Times, 17 Feb 1991.
＊22　Agnes Woodward, Whistling as an Art, 1925. (https://archive.org/details/WhistlingAsAnArt)

になるといろいろなところで仕事を得られます、と強調しています。さきほど挙げたヴォードヴィルであったり、ライシーアムであったり、ショトーカであったり、あとは映画の劇伴とか、いろいろなところで職を得られますよと。劇伴というのは映像や演劇に合わせた伴奏音楽のことですが、当時は無声映画だったので、映画館でも口笛を演奏できますよと。そんなことが書いてあります。当時のアメリカで、いかに口笛に需要があったかと思いませんか。

――はい、びっくりしました。卒業生は引っ張りだこだったのですね。

武田　のちに、分校がいくつもできているんです。グレンデール（カリフォルニア州）、シアトル、ヤキマ（ワシントン州）、シカゴ（イリノイ州）、ポートランド（オレゴン州）（＊23）。西海岸に多かったのかなという感じがしますけど。

――分校があるということは、それだけ教授陣が充実していないといけないですよね。

武田　教育者も輩出しているんです。

――へえ、生徒はどれくらいいたんでしょうね。

武田　わからないですが、間違いないのは、若い女性が多かったことですね。男性も子どももいましたが、とにかく若い女性が中心でした。

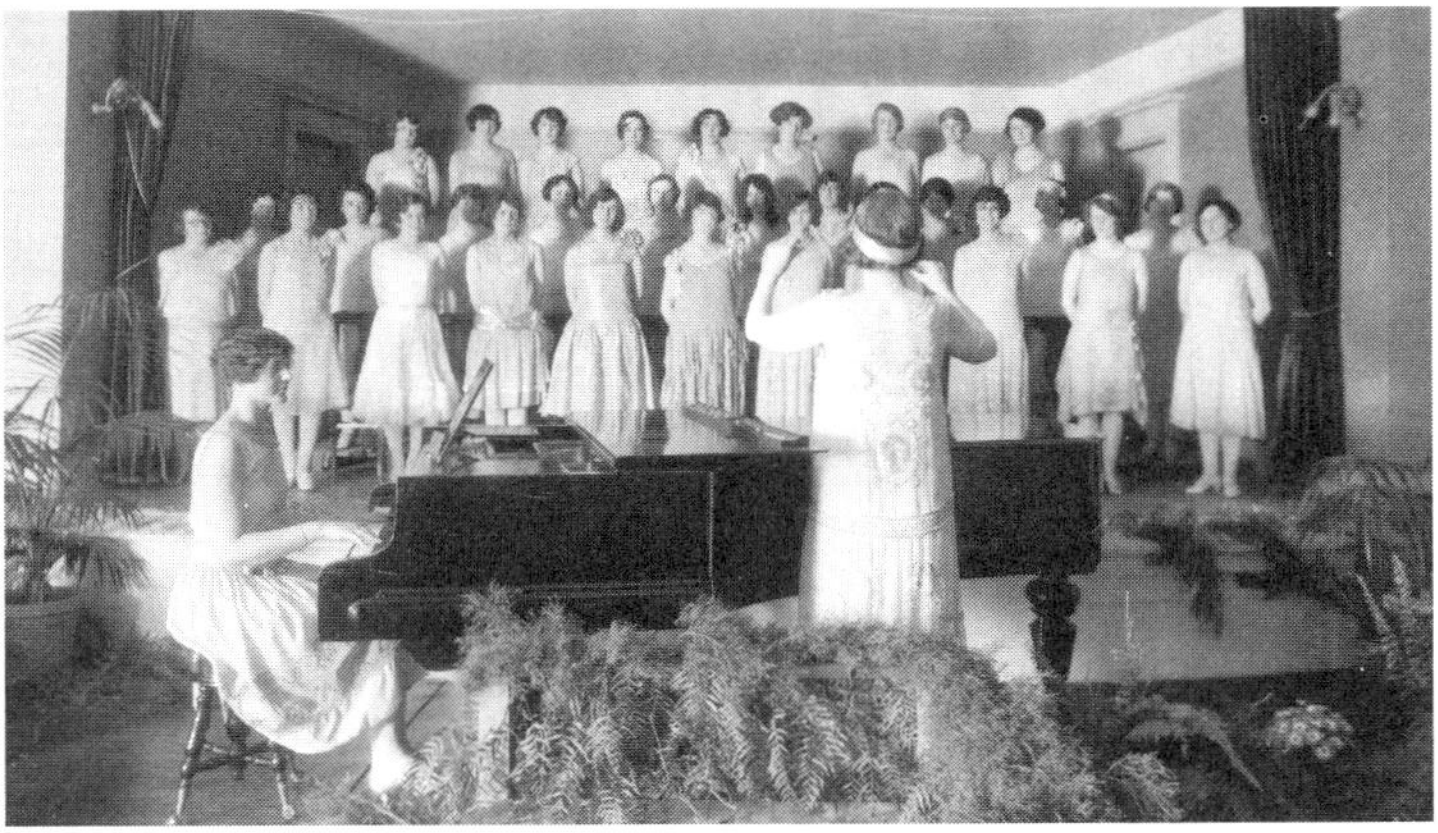

写真7　アグネス・ウッドワード・スクール・オブ・ウィスリング

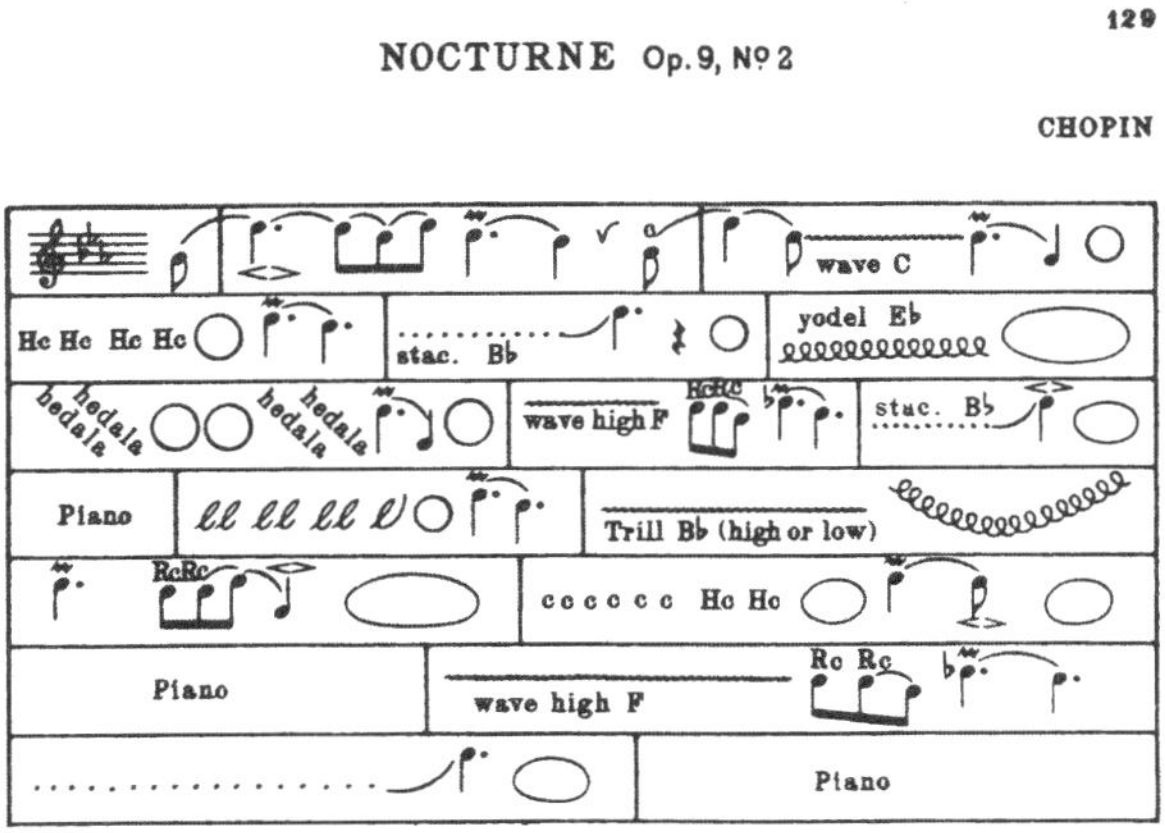

図2　ウッドワードの教科書の楽譜

――口笛だから、授業料はあまりかからなそうです。

武田　どうだったんでしょうね。映画俳優のジョン・ウェインもウッドワードに口笛を教わっていますし、歌手のビング・クロスビーも彼女の生徒です。

――ビング・クロスビーはあの有名な「ホワイト・クリスマス」で口笛を吹いていますが(♪7)、アグネス・ウッドワードに習っていたんですね。

武田　あともう一人、ここで挙げておかないといけないのが、マリオン・ダーリントン（Marion S. Darlington, 1910-1991）という女性の口笛奏者です。ディズニー映画の「白雪姫」「ピノキオ」「バンビ」「シンデレラ」で口笛を担当していて、この人もこの学校の出身です。

――なんと、そういうつながりなんだ。

武田　ディズニー最初の長編映画が「白雪姫」で一九三七年。その次に出たのが四〇年の「ピノキオ」、二年後に「バンビ」が出ています。「シンデレラ」は一九五〇年なのでもう少しあとですね。口笛はディズニー映画において欠かせないものとされていて、それを担当していたのが女性、アグネス・ウッドワードの教え子だったということですね。

――なるほど、確かに仕事を得ましたね。しかも世界的な素晴らしい仕事を得た。

武田　ディズニー、今、口笛奏者募集してないですかねぇ。

エンタメから
アーティストの時代へ

武田　一九二〇年代から四〇年代、第二次世界大戦前のこの時代になってくると、今でも知っている人が少なくない口笛奏者が数名出てきます。まずは、エルモ・タナー（Elmo Tanner, 1904-1990）（♫8）という人が登場します。彼はテッド・ウィームス・オーケストラ（Ted Weems Orchestra）というビッグバンドに参加して各地を回ったり、映画音楽を録音したりしました。もともとボーカルとして楽団に入ったのですが、口笛のほうが人気で有名になったという経歴の持ち主です。

――まさにアメリカ経済が急成長して、芸術や文化が花開いた「狂騒

＊23　Daniel H. Resneck, "Whistling Women," American Heritage, August/September 1982 Volume33, Issue5.

♫7　White Christmas（ビング・クロスビー）
https://www.youtube.com/watch?v=v5ryZdpEHqM

♫8　Heartaches（エルモ・タナー）
https://www.youtube.com/watch?v=YLyKFipCYgc

の二〇年代」にデビューしたのですね。英語版のウィキペディアに、エルモ・タナーは「口笛の吟遊詩人」と呼ばれたとありました。

武田　お次はフレッド・ロウリー（Fred Lowery, 1909-1984）（♫9）。彼は盲目の口笛奏者で、日本でもレコードやCDが発売されて、一定のファンがいたようです。彼は歌手ではなく口笛だけで活動していたようです。

――視覚に障害があっても口笛を吹くことはできますね。

武田　ええ、音楽の素晴らしいところだと思います。もう一人、日本ではあまり知られていませんが、ビング・クロスビーと同時期でかつ同じくらい人気があった、ロニー・ロナルド（Ronnie Ronalde, 1923-2015）（♫10）というイギリス人の歌手で、ミュージックホールの大スターがいました。彼は歌手でありつつも指笛の演奏でも非常に有名で、指笛奏者としては世界一の知名度です。

――ここまで男性ばかりですが、女性はどうですか。

武田　ドイツに、イルゼ・ヴェルナー（Ilse Werner, 1921-2005）という四〇年代に映画の劇中歌などで口笛の録音を多数残した女優で歌手、口笛奏者がいます。歌ってピアノを弾いて軽快な口笛を吹く、見ていて楽しくなる映像が残っています（♫11）。少し時代はずれますが、五〇年代以降に活躍したフランスのミシュリーヌ・ダックス（Micheline Dax, 1924-2014）という女優も、歌手で口笛奏者でしたし、メリー・ポピンズを演じたジュリー・アンドリュース（Julie Andrews, 1935-）も口笛奏者で、「お砂糖ひとさじで」の曲中の小鳥がメロディを吹く部分はアンドリュース自身が担当しています。

――ジュリー・アンドリュースといえば、オードリー・ヘップバーンの息子のルカ・ドッティが大みそかをスイスで過ごしたとき、彼女に口笛を教えてもらったという話を読んだことがありますよ（＊24）。それにしてもやはり、欧米に多いようですね。

武田　どうしても英語圏や欧米に偏っているのは、ぼくの情報源の問題なのか、それとも実際にそうだったのかはわ

＊24　婦人画報デジタル　二〇二一年三月六日

♫ 9　Indian Love Call（フレッド・ロウリー）
https://www.youtube.com/watch?v=-7qXkzb_ACk

♫ 10　The Happy Whistler（ロニー・ロナルド）
https://www.youtube.com/watch?v=6b0OytozTuo

♫ 11　Wir Machen Musik（イルゼ・ヴェルナー）
https://www.youtube.com/watch?v=E3KpUHZfMGc

からないですけれども、やっぱりショービジネスが盛んなアメリカやイギリスだったからこそ、当時、口笛音楽が最盛期を迎えて発展していたという感じを受けますね。

――そして、名前がちゃんと記録されているということですね。ほかの国でも口笛の人気者はいたでしょうけれど、商業ベースに乗っていないから記録が残っていないということで、私たちは知ることができない、ということですよね。

武田 記録に残すということは本当に大事ですね。ここまでが、日本でいう戦前の人たちで、一八八〇年代に始まるエンタメとしての口笛音楽の流れの中にあった人たちといえるでしょう。一方でここから先の戦後の時代は、結構個々人になってしまうんですよね。ムーブメント、流れ、というよりは個々のアーティストといった感じです。

――口笛奏者という肩書きで、しかもプロとして活躍している方になりますか。

武田 口笛専業ではなくて、歌手であったりほかの楽器奏者であったり、そういう人が口笛もやっていて有名、というパターンが多いです。

――なるほど。

武田 ベルギー出身のジャズミュージシャンで、トゥーツ・シールマンス（Toots Thielemans, 1922-2016）という人がいます。ジャズハーモニカ奏者として非常に有名で、日本のサントリーリザーブというウィスキーのコマーシャルにも出ていたみたいです。

――あれっ、そのコマーシャルは見たことがありますよ。

武田　彼は口笛とギターのユニゾンスタイルで演奏するという非常にユニークなことをやっていたんです。今やジャズスタンダードになっている「Bluesette」(♫12)という曲を一九六二年に書いています。

――作曲家でもあったんですね。

武田　プロのジャズミュージシャンはオリジナル曲を作曲することが多いですね。彼はとくにテクニカルな口笛を吹くわけではありませんが、ジャズのプロが頭の中のメロディーを口笛で吹いている、といったふうで、なんともスムーズな音を出します。口笛での商業録音もかなりありますが、あくまで「副業」といった感じの扱いでしょうか。口笛をジャズの主要楽器にもち上げるまでには至りませんでしたが、もともとの知名度もあって、彼のおかげで口笛でジャズをやってもいい、という空気がある気がします。

――このあたりの奏者の演奏はYouTubeにたくさん上がっていますので、ぜひ聴いていただきたいですね。「Bluesette」はほんとにかっこいい。

♫12　**Bluesette（トゥーツ・シールマンス）**
https://www.youtube.com/watch?v=WujIueoeWz8

武田　ジャズ口笛奏者には、ロン・マクロビー（Ron McCroby, 1933-2002）という人もいます。彼は五十歳近くなってジャズクラブで初めて人前で口笛を吹いてたちまち評判となって口笛奏者になった人で、モントレー・ジャズフェスティバルに口笛で出演しています。彼のすごいところは、もともとクラリネット奏者として鍛えたジャズの感性と、ほかのどんな楽器とも対等に渡り合える超絶技巧を用いて、口笛がジャズ、特にビバップ（＊25）で使えるということを証明したことにあります。単純にアーティキュレーション（articulation）の速さでいえば彼にかなう人はいないでしょうね。

――アーティキュレーションって何ですか。

武田　今のは、「音の切り替わり」という意味で使いました。口笛はピッチ（音程）が連続しているので、なんらかの方法で音と音のあいだを区切らないといけません。リコーダーを習ったときに、タンギングをやったと思いますが、あれもアーティキュレーションを付ける一つの方法ですね。

――ああ、やりましたね。奏法についてはは後ほどくわしくうかがうことにしましょう。

武田　とくに彼の「The Other Whistler」（一九八四年）に収録されている「Cherokee」は必聴です。にわかには口笛と信じがたいスピードです。

――彼の演奏もありがたいことにYouTubeにありますので、ぜひ聴いていただきたいですね（♫13）。言われなければ口笛だとは一瞬、わからない。え、聴いたことのない音だ、なんの楽器だろう、と思いました。口笛がどれほど自由で可能性が広がっているものなのか。聴きながらワクワクしましたね。

武田 あと口笛奏者といえる世界的なアーティストでは、ロジャー・ウィテッカー（Roger Whittaker, 1936-2023）というケニア出身のイングランド人のシンガーソングライターがいます。彼は口笛のオリジナル曲をいっぱい書いていて、技巧的なのですがとてもキャッチーなんです。この「Mexican Whistler」（♫14）という曲が私は好きなんですが。

――軽快で思わず踊り出したくなりますね、踊れないけど。

武田 そういえば一つ、もしかしたらサイショーさんが聴いたことが

＊25　一九四〇年代にアメリカで生まれたジャズの演奏スタイル。小編成のバンド、速いテンポ、複雑なコード進行、高度な即興演奏が特徴。それまでのダンス音楽としてのジャズを、知的鑑賞の対象へと変えた。

♫13　Sweet Georgia Brown（ロン・マクロビー）
https://www.youtube.com/watch?v=dtEITMG2yIk

♫14　Mexican Whistler（ロジャー・ウィテッカー）
https://www.youtube.com/watch?v=_2n4S8EnCjM

あるかもしれない口笛の曲があります。「口笛天国」っていうんですけど。

――聴いたらわかるかな。

武田　一九六七年の曲ですね。映画でもなんでもなく、たんなる口笛の曲でトップチャートを駆け上がっていったんです。ウィスリング・ジャック・スミスというアーティスト名で出ているんですけど、これは偽名というかニックネームで、だから誰が吹いたかクレジットがない。実際にはジョン・オニール（John O'Neill, 1926-1999）というイギリス人のミュージシャンが吹いたとされています（♫15）。

――（聴いて）あ、これ、すごい知ってます。日本でも何かに使われましたよ、なんだったかな。

武田　日本では、文化放送の「走れ！歌謡曲」のオープニング曲としてずっと使われていたそうです。

――あー、ラジオだ。そうだそうだ、「走れ！歌謡曲」だ。うわあ、懐かしいです。

映画と口笛音楽

武田　映画の中の口笛でとても有名なのが、「戦場にかける橋」（一九五七年）の「クワイ河マーチ」（▶5）ですね。あの曲はもともと「ボギー大佐」という曲で、映画で非常に知られるようになりました。

――有名すぎるほど有名な曲ですね。曲を聴いただけで、兵士が口笛を吹きながら行進する場面が目に浮かびます。

武田　セルジオ・レオーネ監督のドル箱三部作といわれる「荒野の用心棒」（一九六四年）（♪16）、「夕陽のガンマン」（一九六五年）、「続・夕陽のガンマン」（一九六六年）では、楽曲を担当しているエンニオ・モリコーネが口笛をテーマ曲に使っていますね。

♫ 15　**口笛天国（原題：I Was Kaiser Bill's Batman）**
（ウィスリング・ジャック・スミス）
https://www.youtube.com/watch?v=HPqmGEB8sxk

▶ 5　**クワイ河マーチ（映画「戦場にかける橋」より）**
https://www.youtube.com/watch?v=RlC7XBayj0s

♫ 16　**さすらいの口笛（映画「荒野の用心棒」主題歌）**
（エンニオ・モリコーネ）
https://www.youtube.com/watch?v=h5sP4JW0yDA

——おお、エンニオ・モリコーネ。息子アンドレア・モリコーネの来日コンサートに行ってしまいましたよ。口笛もそのとき聴いています。

武田 モリコーネ楽団には口笛奏者がいたんですよ。アレッサンドロ・アレッサンドローニ（Alessandro Alessandroni, 1925-2017）というイタリア人のミュージシャン兼作曲家です。ただし、「続・夕陽のガンマン」はさきほどの「口笛天国」と同じでジョン・オニールが吹いていたという説があります。このあたりはクレジットがなかなかむずかしいですね。

——「さすらいの口笛」は、日本でもテレビのバラエティ番組でよくBGMに使われていますよ。そもそも西部劇って口笛とマッチしますよね。というより、この曲の影響なんでしょうが。

武田 その可能性がありますね。西部をテーマにした「ワイルドアームズ」というプレイステーションのゲームがあるんですが、そのオープニングでも口笛が使われています。「荒野の果てへ」（♫17）という曲なんですけど。

——へえ。どうして口笛を吹かせたのかなあ、エンニオ・モリコーネ。質問してみたい。

武田 テーマ曲や背景音楽とは別に、「戦場にかける橋」のように映画の中で印象的につかわれる口笛というのがいくつかあるのですが、アメリカで、口笛をやっていると言うと必ず吹いてと言われるのがクエンティン・タランティーノ監督の「キル・ビル」（二〇〇三年）という映画のワンシーンの口笛です（♫18）。

――「キル・ビル」は映画館で観たのですが、このシーンのことは忘れていました。怖さが増す効果抜群です。

武田　二〇一一年の映画「ザ・マペッツ」では、ショーのクライマックスで用意していた出し物が出せなくなってしまったときに、主人公が即興で口笛を吹いて大成功する、というシーンがあります。

――今回初めて「ザ・マペッツ」を観たのですが、クライマックスはほんの二分、口笛を吹くシーンだけなのに本当に胸が詰まるというか、感動的でした（♫19）。

武田　この口笛を担当しているのが、アンドリュー・バード（Andrew Bird, 1973-）というインディーロックミュージシャンで、彼はバイオリンやギターなどの楽器も演奏するの

♫ 17　荒野の果てへ（ゲーム「ワイルドアームズ」より）
(SIE サウンドチーム)
https://www.youtube.com/watch?v=onw_5DGTP_I

♫ 18　Twisted Nerve（映画「キル・ビル」より）
(バーナード・ハーマン)
https://www.youtube.com/watch?v=DDX7ATO_Euk

♫ 19　The Whistling Caruso（映画「ザ・マペッツ」より）
(アンドリュー・バード)
https://www.youtube.com/watch?v=Dtr_2F4KgKo

ですが、作曲するときには頭の中のメロディーを口笛で吹いてみるそうです。

——やっぱり口笛を吹きながら曲を作る人がいましたね。

武田　「ピーナッツ」（スヌーピー）の一九八〇年のテレビスペシャル「She's a Good Skate, Charlie Brown」では、フィギュアスケートの大会で伴奏のテープが壊れてしまったときに、ウッドストックが曲を口笛で吹いて窮地を乗り切る場面があります。この口笛はジェイソン・ビクター・セリーナス（Jason Victor Serinus, 1945-）という口笛奏者が吹いています。

——「ザ・マペッツ」も「ピーナッツ」も、大ピンチの場面で口笛が事態を解決するシーンを描くというところに、作り手の口笛への熱い想いを感じました。

武田　「戦場にかける橋」もそうですが、楽器や録音の使えない状況下で口笛が楽器の代わりを果たす、という共通性があるのはおもしろいですね。

日本の口笛奏者

——昭和の頃に小学校の道徳の授業で見せられた「みんななかよし」というＮＨＫ教育テ

レビのドラマがあるんですけど、その主題歌に使われている口笛を誰が吹いているのかわからないんです。「口笛吹いて～　空き地へ行った～」という歌詞で始まるのに、口笛奏者の名前がクレジットされていないんですよね。美空ひばりの「悲しき口笛」も歌はよく知られているのに、誰が口笛を吹いたのかわかりません。

武田　そういうのは結構ありますね。

――今回、「みんななかよし」についてはＮＨＫに問い合わせて、道徳番組の担当者が探してくださったんですけどわからなかった。演奏した新室内楽協会にも記録は残っていないという回答でした。欧米の場合はちゃんと名前が明記されているように思いますが、日本はそれに比べてどうでしょうか。日本は口笛奏者をしっかり記録していないといってしまっていいのかどうか。

武田　欧米で名前が残っているのは、みんなスターだったからですね。当時の商業音楽のスター、ショービジネスのスター、そういうところに口笛奏者がいたので記録が残っている。ミッキーマウスの初登場作品、ミッキーが口笛を吹く「蒸気船ウィリー」（一九二八年）は口笛のクレジットがありませんし、「口笛天国」のようにクレジットがしっかりしていないというような話は欧米にもたくさんありますよ。

――日本の場合、スターといわれる口笛奏者がまだいなかったといえますか。

武田 日本のプロの口笛奏者のはしりとして知られているのは、安田潤《じゅん》（1911-1989）という人です。いくつかLPを出していて、「青春の日々　安田潤の世界」（一九七八年）というアルバムのライナーノーツに、盲目の口笛奏者フレッド・ロウリーの口笛に衝撃を受けて四十代で脱サラして口笛奏者になったとありました。ですが、今回調べていたら、その前にもプロの口笛奏者がいたようなんです。

――え、定説がくつがえされる？

武田 そうかもしれません。実は戦前の流行歌のレコードに、藤本勝利という口笛奏者のクレジットがちゃんと載っているものがいくつもあることがわかったんですよ。結構いろんなアーティストのレコードに口笛で参加していたみたいで、おそらく彼のほうが日本で最初のプロの口笛奏者だと思いますね。戦後の流れでは安田潤ですが、その前に藤本勝利がいたのは確かです。レコードにちゃんと名前が印刷されているんです。

――実際の音を聴くことはできますか。

武田 YouTube で聴けますよ。

――すごいな、YouTube。

武田　どれがわかりやすいかな。たとえば、「口笛が吹けるかい？」（♫20）という一九三五年の曲があります。コロムビア・ナカノ・リズム・ボーイズという楽団の演奏です。

――おー、素晴らしい。

武田　一九三五年から三九年頃に藤本勝利の口笛がいっぱい録音されているんですよ。

――ほんとだ。淡谷のり子が歌った「窓に口笛」という曲でも藤本勝利の名前がクレジットされていますね。いずれも戦前です。となるとやはり、戦後に名前が知られるようになった最初の日本の口笛奏者が、安田潤ということになりますね。

武田　はい、日本だと安田潤だと思います。

――大阪で開催された第二三回わくわく口笛コンサートで、安田潤の弟子の土橋譲さんという口笛奏者に偶然お会いしたんです。土橋さんによると、安田潤は安田財閥の御曹司で、生命保険の仕事をしながら口笛を吹いていたそうです。ラジオから流れてきたフレッド・ロウリーが吹いていたのはジョゼフ・コズマの「ロマンス」というシャンソンで、それを聴いて、ご夫人から、あなたも吹けるんじ

♫20　口笛が吹けるかい?
（中野忠晴とコロムビア・ナカノ・リズム・ボーイズ）
https://www.youtube.com/watch?v=cbWK_SlPSow

ゃないと言われたのがきっかけだったとか。

武田　ジャズ口笛奏者ロン・マクロビーも妻に言われて始めていて、意外と家族がきっかけ、というのは多いのかもしれないですね。安田潤は一九五九年にNHKのオーディションに合格して、プロの口笛奏者になったようです。さきほどの「みんななかよし」の口笛も安田潤じゃないのかな。「みんななかよし」の放送が始まったのが一九六二年からなので、タイミングとしては合っている。

——その可能性はありますね。普通は番組の音楽担当の人が口笛の上手い人を探して依頼するそうですが、わざわざオーディションをやったというのもどういうことなんでしょうね。「みんななかよし」の主題歌「口笛吹いて」を吹く奏者を探そうとしてオーディションしたんじゃないかとか、おもしろすぎて勝手に話をつくっちゃいましたけど。調べがついたら、NHKに教えてあげたい。

武田　坂本九の「上を向いて歩こう」(♪21)も同じ頃で一九六一年の発売、「Sukiyaki」としてアメリカのビルボードで一位になるのが六三年ですね(間奏②「『上を向いて歩こう』の時代」七七頁参照)。

——あの口笛は坂本九が吹いていますか。

武田　ええ、あれは坂本九が吹いていますね。スターシンガーが口笛も得意というのは、ビング・クロスビーやロニー・ロナルドに通じるものを感じます。

――スターの登場とヒット曲の誕生。日本でも音楽としての口笛がだんだん認識されていくようですね。

口笛の背景化

武田　口笛の歴史をたどっていくと、ショービジネスの衰退とともに、戦前でいったん歴史が閉じているという感じがするんです。

――戦争が影響しているのでしょうか。

武田　そこはわかりませんが、エンターテインメントの形がどんどん変わっていったということじゃないかと思います。実際のショーを観に行くという運動そのもの、ライシーアムもショトーカもヴォードヴィルも減って、一九四〇年代に終わりを迎えたという印象があります。

♫ 21

上を向いて歩こう（坂本九）
https://www.youtube.com/watch?v=Q_r7c8wAJKw

――ラジオやテレビの登場は大きいのではないでしょうか。アメリカのテレビ放送が始まったのが一九三〇年代で、日本が五〇年代。大衆がテレビを持つようになるのはもう少しあとですが、多くの人たちがお金をかけずにいろんなアーティストの演奏を間近で見られるようになっていった。大衆化というのはもしかしたら、口笛のプロフェッショナリズムをちょっと後退させたところがあるのかもしれない。

武田　確かにそうかもしれませんね。プロフェッショナリズムといえば、マイクが普及したことで、プロのように大音量でしっかり吹けなくても、だれでも口笛を簡単に演奏したり録音したりできるようになったことも関係あるかもしれません。アンプが一般化してライブ演奏にサウンドシステムが使われるようになったのは一九三〇年代だそうですから（*26）、それ以後はボーカリストがちょこっと吹く、なんてこともできるようになった。

――口笛のプロでなくても、口笛を演奏できるようになった。

武田　そう、口笛が誰もが扱える楽器になっていったんです。もうひとつは、楽器の演奏が背景に行ってしまった可能性はありますね。

――楽器が背景に？

武田　ええ。シンガーやソロアーティストに注目がいって、伴奏楽器の演奏は背景化していく。口笛がメインの「口笛音楽」とは別に、口笛が音楽に使われることは非常によくあるんですけど、そういう場合、口笛奏者のクレジットはほとんどつかないですよね。戦前はエルモ・タナーも藤本勝利もはっきり盤面に名前が載っている。これって、口笛がとるに足らないものの扱いになったか、そもそも歌以外の楽器すべてが裏方にまわってしまったかのどちらかだと思うんですよ。

――いずれにせよ、口笛がスターの演奏するものから裏方にまわっていったということでしょうか?

武田 そういうことです。あと、音楽のジャンル自体の変遷も影響しているかもしれません。ジャズがポピュラー音楽だった時代からだんだんロックンロールが中心になっていくわけですが、口笛との親和性って、ジャズほどはなかったんじゃないか。

――そうですね。ロックで口笛を使っているのはあるかな。

武田 ないことはないですよ。

――あ、そうか。ビリー・ジョエルなんて、ロックですよね。ないことはないけれども、

*26 Andy Coules, "The history of live sound -part1," Harman A Samsung Company. 6 January 2021. (https://pro.harman.com/insights/av/the-history-of-live-sound-part-1/)

口笛奏者がロックバンドに参加しているっていうのはなかなかない。

武田　あくまでここが使いどころ、というところで使うものになっていったのかもしれない。数々の世界的ヒット曲を生み出したアメリカの作曲家バート・バカラックと作詞家ハル・デヴィッドのペアの最初のヒットナンバー、マーティー・ロビンスの「The Story of My Life」（一九五七年）（♫22）でも、続く二曲目のヒットナンバー、ペリー・コモの「Magic Moments」（一九五七年）（♫23）でも、イントロから響く軽快な口笛のユニゾンは口笛奏者ではなくバックコーラスが担当しています。

——口笛のメロディーは誰にでも吹けそうなシンプルなものですね。確かに背景になっている。

武田　ジョン・レノンの「ジェラス・ガイ」（一九七一年）（♫24）であったり、ビリー・ジョエルの「ストレンジャー」（一九七七年）（♫25）であったり、使う曲には使うけれども、というものになったことで、すそ野は広がった一方で、専業奏者の必要性が薄れていったのかも。

——日本でもテレビドラマやアニメの主題歌に口笛が使われることがありますが、口笛奏者のクレジットはなくて、「大岡越前」や「ルパン三世」の主題歌で知られる作曲家の山下毅雄《たけお》（間奏③「口笛を吹く日本の作曲家たち」一三六頁参照）は、曲中の口笛は全部自分で吹いたそうです。口笛のアルバムを出すほど上手かった人ですが、口笛奏者という肩書ではない。アメリカでは女性たちの職業としての口笛の時代がありましたけれども、そういうものは戦後についてはどうやら成立していない。これを身につけておけば仕事ができるというような形では、口笛は求められなくなっているようですね。

武田　そういうことだと思います。もちろん口笛だけで生計を立てている人もいますけれども、二十世紀初頭のアメリカのように職業の選択肢のひとつに入ってくることはないですよね。

♫ 22　The Story Of My Life（マーティー・ロビンス）
https://www.youtube.com/watch?v=7tSXBr4MAzc

♫ 23　Magic Moments（ペリー・コモ）
https://www.youtube.com/watch?v=ZZ_hWTuSYSk

♫ 24　ジェラス・ガイ（ジョン・レノン）
https://www.youtube.com/watch?v=wADRRYNHhOA

♫ 25　ストレンジャー（ビリー・ジョエル）
https://www.youtube.com/watch?v=E5ofVsxTPoc

ボサノヴァの口笛

武田　少し時代が戻りますが、戦後の音楽の中での口笛を語るにあたって無視できないのは、ボサノヴァです。

――それはぜひうかがいたいです。武田さんが口笛奏者として活躍されるにおいても、南米の音楽の流れ、歴史はすごく大事なんだろうなと感じていました。ボサノヴァが登場するのはいつ頃ですか。

武田　ボサノヴァは一九五〇年代ですね。サンバとかショーロというような、ブラジルの伝統的な音楽にジャズが組み合わさって生まれてきた音楽で、フランス印象派の音楽やアメリカのウエストコースト・ジャズの影響を受けているようです。「Bossa Nova」ってポルトガル語で、ニューウェイブとか、新しい感覚という意味ですね。

――へえ、そういう意味だったんだ。

武田　たとえばカーニバルのサンバのように、大編成で打楽器が強く、歌手も強い発声でうたう「大きな」音楽に対して、より都市的で洗練された、ミニマリストでインティメット（intimate＝親密、パーソナル）な「小さな」音楽として打ち出されてきた（＊27）。楽器も最小限、声もささやくように歌いますよね。そんなボサノヴァが生まれるきっかけになった、アントニオ・カルロス・ジョビン（Antônio Carlos Jobim, 1927-1994）とジョアン・ジルベルト（João Gilberto, 1931-2019）が二人とも曲中に口笛を使っているというのは、非常におもしろいなあと思うんですね。

――ああ、どちらも口笛を吹いている。

武田　ジョビンは、口笛とピアノのユニゾンを曲中によく使うんですよ。それが非常に効果的なサウンドを生み出していて、ほかにない。

――「三月の水」（Águas de Março）（♫26）の間奏で口笛を吹いているのはとても印象に残っていますね。ジョビンとジルベルトはどちらが先にボサノヴァを？

＊27　Miguel Souza, "Bossa Nova," UOL.
(https://brasilescola.uol.com.br/artes/bossa-nova.htm)
中津海麻子「日本人初の本格的ボサノバ歌手が誕生するまで 小野リサ」朝日新聞デジタル、二〇一八年十月二十三日
(https://www.asahi.com/and/article/20181023/400048599/)

♫26

Águas de Março
（エリス・レジーナ&アントニオ・カルロス・ジョビン）
https://www.youtube.com/watch?v=wMJCK-Mk6f8

武田　これはむずかしいですけど、中心となった人物としてはこの二人で、あと、「イパネマの娘」の作詞で知られるヴィニシウス・ヂ・モライス（Marcus Vinícius da Cruz e Mello Moraes, 1913-1980）と、この三人が創始者とされていますね。今見たウィキペディア情報ですが。

――すごいな、ウィキペディア。一九五〇年代に始まった大きな音楽に対しての小さな音楽、しかも使っている楽器というと、ギターとピアノが中心ですよね。

武田　あとはパーカッションやベースですかね。

――ギター、ピアノ、パーカッション、ベース、そして、口笛。笛は使いますか。

武田　フルートやサックスもよく使われますし、ストリングスが入ったりドラムが入ったりというのはありますね。ただウィキペディアに書かれている「使用楽器」の中に口笛は入っていない。楽器ではないという見方はあるかもしれないですけど、口笛が入っていないのは不思議だなっていう感じです。

――ウィキペディアだから、武田さんがご自分で書き込めばいいんですよ。

武田　ははー。

――彼らが口笛をよく使ったというのは、やはり大きな音楽に対する小さな音楽としての一つの楽器として選ばれたと考えられますか？

武田　楽器編成を最小限にしたときに、イントロや間奏のメロディーを演奏させるのは必然的に口笛になったのかもしれません。口笛って、非常にパーソナルな楽器だと思うんですよ。ただ、彼らがそれを意識していたかどうかはわからない。そもそも口笛を曲中に挟むということに対して、多くのミュージシャンは意識をしていないと思います。ここは口笛を使おう、くらいの気持ちで使っていると思いますので。

――自然に吹いてみたという感じですかね。

武田　そうですね。いずれにせよ、戦前の口笛奏者たちが吹いていた技巧的で華やかな口笛、ショービジネスの「大きな」口笛から、戦後はごく普通の日常的な「小さな」口笛に使い方が移っていった可能性はありますね。ボサノヴァに限らず、戦後のポピュラー音楽の中で、口笛はあまり技巧的なことはしていないし、求められていないと思うんです。アクセントとして簡単なメロディーを吹くものとして使われる。一九二〇年代の口笛の例（♫27）を聴いていただくと、まったく違うということがわかると思います。

――鳥が集まってきそうな感じですね。

♫27

1920年代の口笛――「The Mockingbird」
（マーガレット・マッキー）
https://www.youtube.com/watch?v=JJZI9QBxN9g

武田　そうなんですよ。よく聴くポップスなんかに入っている口笛とはモノが違うじゃないですか。

――全然違いますね。

武田　芸術としてメインの役割を果たしていたものが、音楽の中でアクセント的に使うものに変わっていったということですね。

――つまり楽器のひとつになったと。

武田　そうですね。

――楽器としてパートを演奏する。

武田　パートですよね。しかも裏方です。

――鳥の鳴き真似と合わさった芸術だった時代から戦後時間が経って、楽器として、場合によっては裏方のパートを吹く楽器として変化していった。ボサノヴァについていえば、まさに口笛は楽器として使われているということですね。

武田　そうですね。ただし、ほかの楽器とは別枠で、ここ、口笛を入れたい、口笛を使ったらいいよねと思って口笛を入れるんだと思います。フルートとかサックスとかバイオリンの並列で口笛、というわけではなく、あくまで口笛を入れたい、と。

――なるほど。

武田　曲によって変わってくるとは思いますが、口笛というものに宿る何かしらの脱力感であったり、哀愁であったり、お気楽さであったり、喜びの表現であったり、そういった感情、ニュアンスが乗ったものとしての口笛をどうしても入れたいときに入れるものなんじゃないかなという気がします。

――ボサノヴァの中の口笛は、今おっしゃった脱力であったり、哀愁とか喜び、お気楽さとかの中でどれが多いですか。

武田　いやー、むずかしいですね。軽さはあると思いますけど。たとえばジョアン・ジルベルトの「あなたと私」（Você e Eu）（♫28）という曲は最後のほうで口笛が使われるんですけど、これをどう解釈するかはむずかしい。

――これは本人が吹いてますね。

武田　本人が吹いてると思います。これもピアノとのユニゾンなんです。

――楽しいですね。

武田　ポルトガル語にサウダージ（saudade）という言葉があって、哀愁とかなつかしさとか憧れとか、そんないろんな感情を含んだ、日本語には訳せないとても美

♫28　Você e Eu（ジョアン・ジルベルト）
https://www.youtube.com/watch?v=K2EPcHIE7qE

しい言葉なんですが、口笛もそんなふうにいろんな感情を含んでいるのかもしれません。

口笛が感情を呼び起こすのか

――悲しい口笛のお話を前にちょっとしましたけれど（二〇頁）、普通の楽器よりも口笛のほうが割とストレートに感情が伝わるのかなあ。

武田 口笛に感情が乗っているのか、それとも、聴く側の文化的、人類学的に集積されてきた口笛というものに乗っかっているニュアンスを呼び起こすからそういうふうに聴こえるのか、それはどちらなのかわからないですけれども。

――確かに、どちらもあるかもしれないですね。やっぱりちょっと、普通の楽器とは違いますね。

武田 間違いないのは、戦前戦後の口笛の使い方の大きな一つの違いとして、現代においては口笛はメインのメロディーを吹くものではなくて、アクセントとして使われている。いろんな感情を呼び起こす効果を狙って「ここに口笛を入れよう」と思って、アクセント的に入れる使われ方が多いんじゃないかと思います。口笛奏者の口笛太郎さんに聞いた話ですが、CMなどの録音に呼ばれてスタジオに行って、いつも通り吹いたら、「もう少し下手にお願いします」と言われたことが何度かあるそうです。楽器では出せない、「口笛らしさ」のようなものが求められることも多いのかもしれません。

——口笛の本質に関わる興味深いエピソードですね。戦前のように、口笛が前面に出てくるようなスタイルは現代でも成立すると思いますか。

武田 それはすると思います。ただ、どうしても歌のある音楽と比べてポピュラリティー（人気）は下がるかな。インストゥルメンタルの音楽って、たまに葉加瀬太郎さんの「情熱大陸」みたいなヒット曲が出たりしますけど、そうじゃなければふだんから聴くものではない。聴こうと思って聴くものではないという方が大半なんじゃないかなと思います。それこそジャズやクラシックのリスナーは聴いてるけど、そうじゃない人たちはあくまでBGMとして聴いている。紅白歌合戦に女子十二楽坊が出演していたことがありましたけど、ああいうのは珍しいですよね。

——いい曲ができればいいのかもしれないなあ。

武田 そろそろ「口笛天国」ぐらいのヒット曲が出てきてもいいんですけどね。

——武田さんは作曲なさるんですよね。

武田　いやあ、黒歴史ですね。

——黒歴史?!

身体表現としての口笛

武田　近現代史の話の最後にどうしても入れておきたいのが、ボビー・マクファーリン（Bobby McFerrin, 1950- ）の「Don't Worry, Be Happy」（♫29）。一九八八年の曲ですね。

——こちらも、誰もが知る名曲ですね。缶コーヒーのCMで使われました。

武田　彼がここで何をしていたかというと、アカペラで、自分の体だけで音楽を作っているんですよね。今でいうボイスパーカッションやヒューマンビートボックスに近い表現ですが、ボディーパーカッションのように自分の体から出る音の一つとして、口笛を入れた。使い方もとてもキャッチーで、口笛奏者ではないけれど、口笛をそういうふうに使ったんですね。そういえば、現代のヒューマンビートボクサーたちも、いろんなタイプのウィスリングをビートに組み込んで使っています。

――ヒューマンビートボクサーの実演をYouTubeでいくつか拝見しましたけど、口笛の可能性が広がるのを感じましたね。この曲は多重録音しているのかな？

武田　そうですね。楽器を一切使わない音楽ですが、アメリカのビルボードチャートでナンバーワンになりました。

――どうしてこんな曲が生まれたのか、本人はどう語っているんだろう。こういうときは、本人の公式ホームページを読んでみたらいいと思うので読みましたけど、アルバムを作ろうとして、スタジオでプロデューサーとエンジニアと一緒にふざけながら、「Don't Worry, Be Happy」というフレーズをピアノで弾き始めた、とありますね。

武田　使っているのは声と口笛と指パッチンかな。口笛を吹いたのは、やっぱり単純で身近だったからじゃないですかね。発表の翌年にはグラミー賞を受賞している。口笛でグラミー賞、夢があるなあ。

――Don't worry, be happyっていい言葉だなあ。まさに口笛という感じだなあ。

♫ 29　**Don't Worry, Be Happy（ボビー・マクファーリン）**
https://www.youtube.com/watch?v=d-diB65scQU

間奏③
口笛を吹く日本の作曲家たち

最相

経営破綻したアパレル企業、レナウンの社名が二〇二四年秋に復活した。アクアスキュータムやダーバンといった海外ブランドを引き継いだオッジ・インターナショナル社の英断に往年のファンが歓喜、SNSには「ワンサカ娘」をもう一度聴きたいという声が溢れた。「ワンサカ娘」は、小林亜星《あせい》が手がけたCM第一号（一九六一年）だ。慶應義塾大学を卒業後、製紙会社に就職するも、音楽の道を志して退社し、「ラジオ体操第二」で知られる作曲家の服部正《ただし》に弟子入りするうちに作って大ヒット。小林は一躍ヒットメーカーになった。

歌謡曲からアニメ、ドラマの主題歌など手がけた曲は八〇〇〇に上る。口笛の名手でもあり、「恋は、遠い日の花火ではない」のコピーで知られる「サントリーNEWオールド」のCMソング「夜がくる」では小林自身が歌い、口笛を吹いた。「CM音楽はデザインであり、組み立ててゆく楽しさがある」（山川浩二ら『コマソン繁昌記』日本工業新聞社）と語り、一九八一年七月七日に東京12チャンネルで放送された「直純のピアノふぉる亭」では、歯笛を吹きながら即興で曲を作り上げていく様子を確認できる。

口笛を吹く作曲家はほかにもいる。「大岡越前」「ルパン三世」の主題歌で知られる山下毅雄は、自身の口笛のほか、ハミングやスキャットも採り入れた独自の挑戦的な世界を構築し、映画音楽や歌謡曲を吹いた「魅惑の口笛」シリーズなど口笛のアルバムを何枚も出している。「ヤマタケ」の名で知られ、今もファンが多い。

「ときめき夢サウンド」はじめNHKの音楽番組でおなじみの作曲家、上柴はじめも口笛奏者としてCMやドラマ、映画で活躍する。「ドクターX」や「ドラゴンボールZ　超サイヤ人だ孫悟空」の「口笛の気持ち」といえばピンとくる人は多いかもしれない。時代を彩る口笛の数々、奏者の名前を知れば感動もひとしおだ。

第四章

楽器としての口笛

口笛の仕組みを科学的に説明する

武田　サイショーさん、口笛の仕組みってどうなっていると思いますか？

――仕組みですか？　意識はしていないですけれども、口笛を吹くときは自然に口の中で笛みたいな形を作っているのかなと思ったんですけど、違いますか？

武田　なるほど、そうだと思います。ただ、その笛がどんな笛なのか、ということはつい最近やっとわかってきたところで、科学的にも完全には解明されていないんですよ。

――え、そうだったんですか。

武田　二〇二四年において、どんな物理学的、音響力学的原理が働いているか、わからない部分がまだまだある。人類が一万年以上ずっと吹いてきたであろう普通の口笛が、ですよ。わからないことがあるって、ワクワクしませんか。

――よくぞ、今日まで謎のままでいてくれたものだと思います。武田さんと本づくりをすることにならなかったら、これが謎だということも気づかれないままだったのですから。

ぜひ謎を解明したいです。

武田　実は、口笛のプロでも、自分の口の中で何が起こっているかちゃんとわかって吹いている人ってほとんどいないんです。上手い人たちの大半は、いつの間にかできるようになっている。いろんな技も、知らないうちにできるようになっている人が多いので、そうすると他人になかなか説明ができないんです。

——それは困りました。

武田　というのも、口笛の技術って属人化（やっている本人にしかわからないこと）していて、バイオリンやピアノのように誰もが学べる教育システムが確立していない。それはやっぱり、口の中で何が起きているか見えない、説明できないというところが一番大きいんですよ。

——楽器は目に見えるところで手を動かして演奏するので、視覚的に説明しやすいということですよね。だけど口の中は見えないのでわからないのかな？

武田　わからない、はい。

——ただ、すごくシンプルに見えます。まず空気をためる器みたいなものがあって、そこに舌があって、舌の動きと空気の出し入れでコントロールしているのかなという気がしますが。

武田　空気の器と舌、非常に素晴らしい考察だと思います。口笛の笛というのはまず、入り口が喉の声門、出口は上下の唇のあいだの穴で、つまり声道全体が楽器（図3）と考えられています。その中を空気が通ったときに、出口のところで小さな空気の渦《うず》ができて音が出るんです。

——空気の渦、ですか……。

武田　ええ。なぜ空気の渦が音になるのかって、直感的にわからないじゃないですか。そもそも音って空気の振動なんですよね。渦が次々にできることによって空気が振動する。振動するとそれが耳に届いて音として聴こえる、ということのようです。

——むむー、むずかしい。

武田　実は私も文系なので、物理学は全然得意ではないんですけれども、愛と熱意でなんとか理解しようとしています。口笛の科学については、福井大学工学部准教授の森幹男先生が最先端の研究をされていて、森先生の論文や直接うかがったことを交えてもう少し科学的に説明しましょうか。

——ぜひ、お聞かせください。

武田　まず、肺から気道を通ってきた空気の流れが狭い穴（上下の唇のあいだ）の中をある程

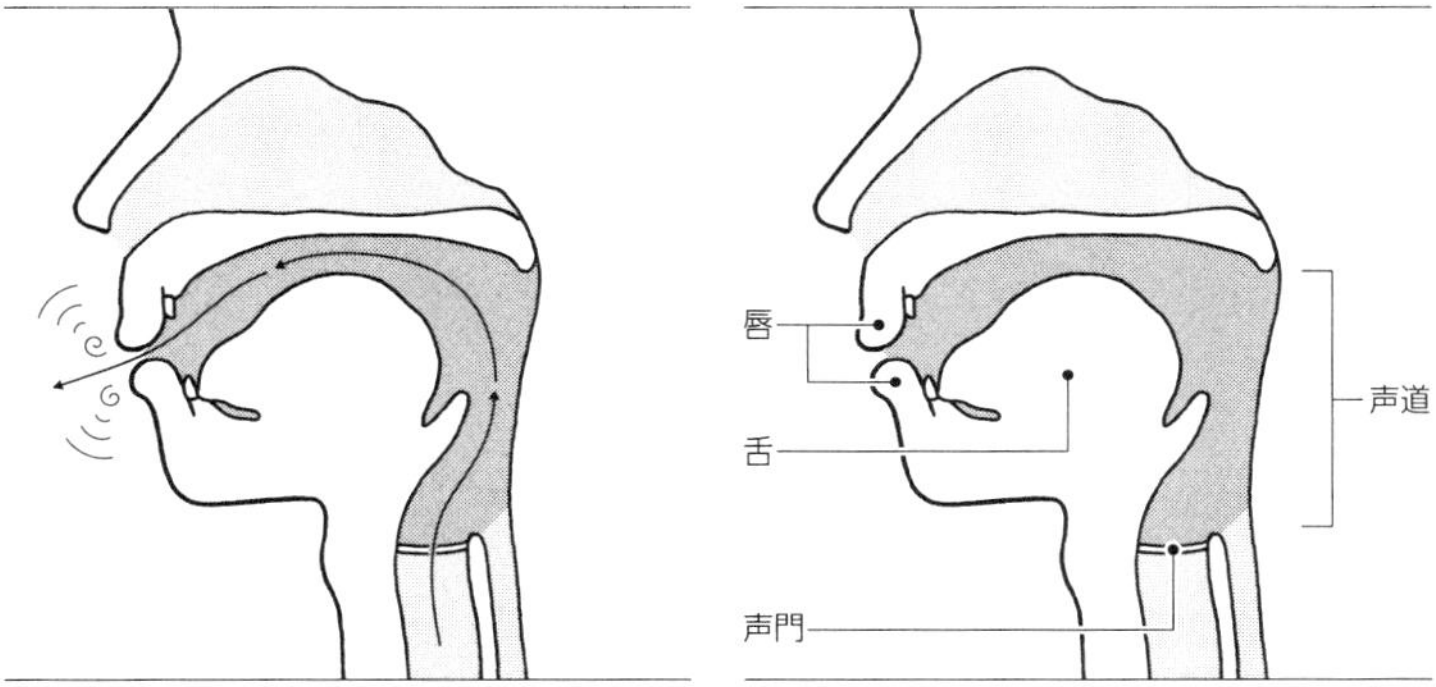

図3 口笛の構造　左図：空気の流れ（イメージ）／右図：器官の名称

度の速さをもって通り抜けると、出口側で空気の渦ができます。空気の渦ができると、空気に濃いところと薄いところができます。これが疎密波という波となって、いろんな高さの小さい音、「音の種」が同時に鳴る状態（雑音源）を作ります。そこで鳴っているいろんな高さの音のうち、そのときの声道、すなわち喉から唇までの空間の形とちょうど共鳴しやすい高さ（共振周波数）の音が、増幅されて音程のある笛の音になります。今のところ、これがいわゆる上下の唇で穴を作って吹く「口笛」の原理だと考えられています。

――むむむー、ますますむずかしい。さまざまな周波数の音の一部が口の中の空間と共鳴して、音程を作ると？

武田　ええ。言語学にくわしい方のためにもう少しむずかしい話をすると、その共鳴音の高さはぼくたちがふだん話すときの声の母音を決定する「フォルマント」という周波数の並びと一致するそうです。これを体感する方法として、口を突き出した「ウ」の口の形で、力を入れて口の形を変えないまま「ウーユーウーユー」と言います。すると、少しビリビリするような音が聴こえると思うのですが、これが口の形に対応した共鳴音です。これをやってみると、このビリビリした音の高さが「ウ」と「ユ」で変わりますよね。

――ウーユーウーユーウーユーウーユー……。ああ、確かに、「ユー」で音が高くなりますね。

武田　口の中の形というのはほとんど舌の形とあごの開きで決定されますので、「ウ」と「ユ」で舌の位置が変わることで音程が変わる。口笛も同じ原理で音程が変わる、というわけです。さきほどのサイショーさんの「空気の器と舌」というのはあながち間違っていなかったというわけですね。

――なるほどー。森先生が二〇一一年に日本音響学会誌に発表された「口笛の科学」という論文を拝読すると、口笛はヘルムホルツ共鳴によって特定の音の高さを決めるとありますね。ヘルムホルツ共鳴ってなんでしょうか？

武田　ヘルムホルツ共鳴の一番わかりやすい例は、ビンの口をフーッて吹くとボーッて音が出ますよね。あれをヘルムホルツ共鳴といいます。

——ああ、あれですね。

武田　だから大きいビンであればあるほど低い音が出ますし、小さいビンであれば高い音が出ます。口笛も口の中の空間の大きさで音程が決まると考えられていたんです。ところがですね、最新の研究で森先生の考え方は変わっているんです。

——ええっ、そうなんですか。ウィキペディアにも、口笛はヘルムホルツ共鳴だと書かれていますけど。

武田　それは間違いのようです。ヘルムホルツ共鳴が定説とされたのは、一九七一年にアメリカ音響学会という権威あるところに発表されたウィルソンの論文(*28)が口笛はヘルムホルツ共鳴だと書いているからです。森先生によると、ウィルソンがモデルにしたのが穴の開いたゴム板を両端に取り付けた極端に短いまっすぐな管だったので、ヘルムホルツ共

*28　T. A. Wilson et al., "Experiments on the Fluid Mechanics of Whistling," J. Acoust. Soc. Am., 50, 1971.
*29　Mikio Mori, "Study on the principle of sound resonance in human whistling using physical models of a human vocal tract," J. Acoust. Soc. Am., 140, 2016.

鳴になると結論付けられてしまった。これが長らく定説とされていたので、森先生も当初はウィルソンのモデルで研究されていましたが、それでは説明できないことがいろいろ出てきた。オーバーブローイングといって、息の速度や圧力を変化させると音程が飛んで高い音が出るので、必ずしもヘルムホルツ共鳴とは一致しないことがわかったんです（＊29）。

――森先生は口笛奏者でもありますよね。

武田　そうです。だから実際に自分が口笛を吹いているときの声道のCTを撮影して、声帯から唇まで声道全体をモデル化した声道模型を作って実験されたんです。厚みのある透明なプレートに穴を開けたものを何枚も重ね合わせたものです（写真8）。すると、いわゆる普通の口笛、唇をすぼめるのでパッカー（pucker）ホイッスルといわれますが、そちらはフォルマント周波数に対応していることがわかった。ですから、口笛はヘルムホルツ共鳴、というウィルソンの説はもう定説とはいえないということです。

――わー、またウィキペディアを書き換えなければなりませんね。

武田　ははは。

――楽器でいえば、口笛は何に近いのでしょう？

武田　フルートが一番近いようです。フルートの場合、吹き口のところ（エッジ）に向かう

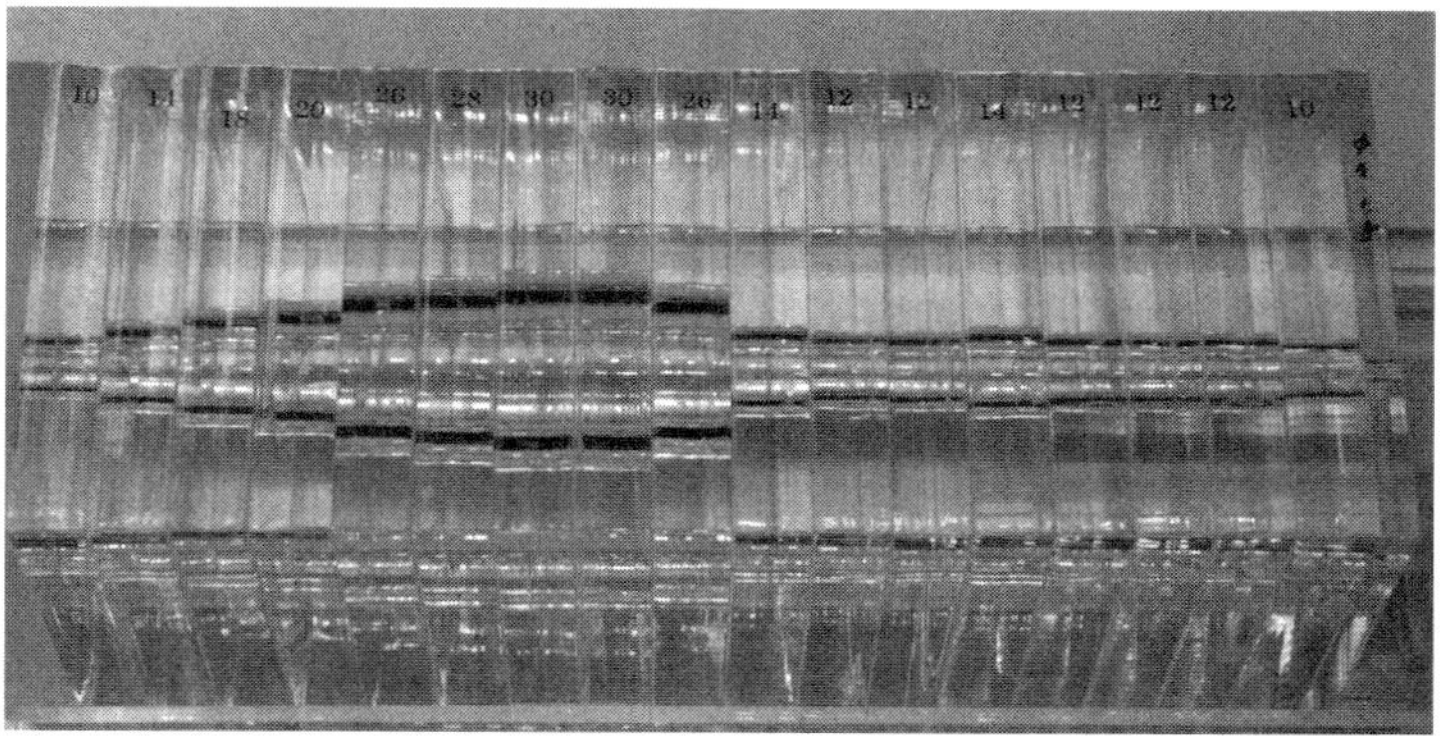

写真8　声道模型（提供：森幹男）

気流が上下に揺れる動きで発生した振えが音の種なのですが、それが管の中の空気を指す「気柱」の共鳴によって大きな音になる、これを気柱共鳴といいます。森先生によると、口笛も音の種は違いますが、気柱共鳴の一種で音が鳴っているようです。ちなみに空気の渦というと風で電線や細い枝が鳴るときの「カルマン渦」が有名ですが、これはまた違う仕組みのようですね。

――鳥の鳴き声とも違いますか？

武田　鳥の鳴き声の場合は、「鳴管」という器官が体の中にあるので、また違った発音機構になっているようです。やかんが沸騰したのを知らせるピーッという笛とも、お菓子のフエラムネとも違う。口笛は非常に独特な原理で鳴っているんです。ちなみに指笛や歯笛、手笛、葉笛などもまたそれぞれ違った原理のようです。

管楽器経験者は口笛が上手い

――管楽器と口笛には何か共通点はありますか?

武田　息を使っているということと、共鳴空間の形や大きさで音の高さが決まるということですかね。

――なぜ管楽器についてうかがったかというと、大阪の「わくわく口笛コンサート」に行ったときに聞いた話なのですが、口笛の上手い人たちは、学生時代、吹奏楽をやっていた人が多いそうなんです。とくにトロンボーンやサックス、トランペット。口をすぼめることや、空気を吹き出すときの息のコントロール、あと、腹式呼吸や肺活量が関係するからのようです。

武田　それは関係あると思いますね。すごく簡単にいってしまえば、体は筋肉を使って動いているので、吹くという行為において、効率的な筋肉の使い方を身につけているという意味で、管楽器をやっている人は上手いんだと思います。

――武田さんは高校時代にジャズ研でサックスを吹いていましたよね。

武田　下手くそでしたが、少しは関係があるのかもしれません。フルートも高校時代にちょろっと触ったことがあって、しばらくあいだが空いて社会人になってから再開したのですが、口笛をたくさん吹いていたらいつの間にか上手くなっていました。

――フルートが上手くなった?

武田　そうなんです。フルートの練習をしていないのに、口笛をずっとやっていたらいつの間にか数年後にフルートが上手くなっていた。やっぱり息の使い方に共通するものがあるんだな、とそのときは思いました。

――楽器から口笛が上手くなることもあれば、口笛から楽器が上達することもあるんですね。

武田　そういえば、これも森先生にうかがった話なのですが、息の使い方という意味では声門の開き具合もポイントだそうです。楽器では吹奏楽の初心者の声門はパカーッと開いていたけれど、熟練者になるほど声門が適度に閉じてくるという論文(*30)があるそうで、口笛が上手い人とそうでない人の声門を鼻から内視鏡を入れて観察したところ、上手い人は声門が開きすぎないようにコントロールしていて、上手くない人は声門がパカーッと開いていた。

――声門って鍛えたらコントロールできるものなんですか？

武田 歌を専門にやっている人は声音《こわね》を変えるのに声門の開閉を練習したりしますが、そうでない人もみんな、ふだんから無意識に声門をコントロールしてしゃべったり歌ったりしています。口笛や管楽器で声門の開閉を練習するという話は聞かないので、練習しているうちにおそらく体が最適なところにもっていくのでしょう。コンクールに出場するレベルの人でも音量が大きい人と小さい人がいるんですが、大きい音が出ない人は声門が大きく開いているのかもしれません。

――声門は大きく開いていればいいわけじゃない、ということですね。

口笛の音は電子音に似ている

武田 次は、口笛の音そのもの、音色《おんしょく》にちょっと注目してみたいと思います。口笛の音をまっすぐ伸ばすとかなり純粋な正弦波、サインウェーブに近い波形になるといわれています。正弦波の音で一番わかりやすいのは聴力検査のピーッという電子音ですね。倍音がまったくない音です。

――ああ、それは聴き覚えのある音ですね。

武田 口笛の場合、元が雑音源ですから、厳密には倍音も含まれていますし、息の摩擦で雑音が乗ったりもするんですけれども、ほかの楽器と比較すると非常に純粋な音で、よくいえばよく通る、悪くいえばほかの楽器と少しなじみにくい音でもあります。

――ほかの楽器はどんな波なんですか？

武田 ほかの楽器はいろんな波の合成音といいますか、耳が認識する音程以外にもいろんな周波数の音が混じって一つの音になっているんです。声もそうです。それに対して、口笛は耳に聴こえている基音（メインの音）以外の音がすごく少ないし小さいため、純粋な音と

---

*30 向井將「吹奏中の声門動態　美しい音色は狭められた声門間隙により吹奏される」『日本耳鼻咽喉科学会会報』九二巻二号、一九八九年
Mikio Mori, Saki Fukuda, "Frequency response of the vocal tract considering the glottis opening area during human whistling," Electronics and Communications in Japan, Vol.140, Num 1, 2020.

いえるんです。

――声はいろんな波が混ざっているのに、口笛だと単純になるとはおもしろいですね。わくわく口笛コンサートでみなさんの口笛を聴いたとき、非常に高音のときはキーンって電気的な音がしました。普通のメロディーのときは温かい感じがしましたけれども。

武田 電子音も同じで、聴覚検査の低いほうの音は「ぽー」と温かい感じがありますよね。

――ああ、そういえばそうですね。低い音は温かいです。

武田 ところでサイショーさん、ヘンリー・マンシーニの「刑事コロンボ」のオープニング曲(♪30)ってわかりますか?

――はい、子どもの頃にドラマを欠かさず見ていましたので、よく覚えていますよ。ハミングできます。

武田 あれ、子どもの頃は口笛か指笛の音かと思っていたんですけど、実際は口笛じゃないらしいです。

――へーっ。

武田 よく聴くと、口笛にしてはきれいすぎるんですよ。あれはヤマハのYC-30という電子オルガンの音だろうといわれています。電子オルガンといっても、当時としてはかなりいろんな音色や機能を搭載した革新的な機種だったようですが。

――電子音と口笛、確かに似ていますね。

武田　純粋な音だとほかの楽器の音となじみにくいという話をしましたが、音色を変えることもなかなかむずかしいんです。誰が吹いてもどうしても物理的に同じような音になってしまう。じゃあどうするかというと、わざと息の量を増やして雑音を乗せたり、空気をちょっと下の前歯に当ててやって、ボソボソっとした音を乗せてあげると豊かみのある音色になったりとか。これはジャズのサックスの「サブトーン」という技術の真似ですけど。

――なるほどー。単純であるがゆえのむずかしさなのでしょうが、やはり管楽器経験は生かされていますね。

口笛に男女の違いはない

――口笛に男女の違いはあるのでしょうか?

♫ 30　Mystery Movie Theme（ヘンリー・マンシーニ）
（ドラマ「刑事コロンボ」オープニング曲）
https://www.youtube.com/watch?v=tJKjZbf__9U

武田　男と女ではまったく違いはありません。

――それは意外でした。歌唱とは違うのですね。

武田　声の場合、男女で違うのは声帯を使って声を発していて、男性は声変わりが起きるからですね。でも口笛の場合は声帯の振動を使っていない。舌とあごで音程が決まっていて、これは男性も女性もみんな同じじゃないですか。なので、男女で物理的な違いはないんです。

――頭、というか頭蓋骨の大きさはどうなんでしょう。音に関係はありますか？

武田　出せる音域が変わってきますね。さきほど言ったように、空間が大きければ大きいほど低い音が出るので、頭蓋骨の大きい人のほうが低い音まで出やすいという違いはあります。

――年齢の違いはありますか？　子ども、成人、お年寄りで違うのかどうか。

武田　子どもは顔が小さいので低い音は出にくく、音域が狭くなりますね。それとやはり、年齢とともに肺活量や筋肉は落ちていくので、年をとると力強く口笛を吹くというのがむずかしくなってくるんじゃないかなと思います。

――わくわく口笛コンサートで、「ぼくもちょっと年をとってきて、息が続かなくなってきた」っておっしゃっていた方がいて、それでも演奏は素晴らしかったんですけどね。

武田 音楽って人生経験を積むと味がどんどん出てきますから、そういう意味でも年をとることはマイナスだけではないでしょうね。

音程を作る

武田 さきほど音程の話が出ましたけど、口笛って音程を完全に自分で決めないといけないんです。

――確かにそうですね。

武田 ギターもサックスも、ピアノもそうですけど、指をその音の場所に置くと音程が決まりますよね。そうじゃなくて、口笛はバイオリンとかトロンボーンのように、自分で音程を決めなきゃいけない。こういう楽器を作音楽器といいます。

――そうか、口笛は自分で音を作る作音楽器なんだ。

武田 ええ。実際はギターも指の圧力で微妙なピッチの違いがでるし、サックスも口の形で微妙に音程が変わったりするので、どれも作音楽器とはいえますけど、完全な作音楽器という意味では、口笛はバイオリンやトロンボーンと同じです。機械的に音程が決まっていない。

――わくわく口笛コンサートでも、第一音が外れる人って何人もおられましたよ。

武田 そうなんです。むずかしいんです。絶対音感がないとどうしてもそこはむずかしい。鍛錬すればいいんですけれども、絶対音感っていうとやっぱり小さい頃からずっとやってなきゃいけないですよね。バイオリンなんか、とくにそういうふうにいわれるじゃないですか。そういうことを考えると、口笛が上手くなるには、今後は英才教育が必要になるかもしれない。口笛という楽器の教育メソッドが確立した暁には、もしかしたら幼少期から口笛の練習をしなければいけない時代が来るかもしれません。

――えーっ、そういう極端な早期教育を再考してもらうために『絶対音感』(＊31)を書いたのに、それを促進することになっちゃったらまずいですね。でもそれは、基準音(うたいだしの音)さえ教えてもらったらいい話ではありますよね。

武田 あ、そうですね。

――それに、正しい音程がわかっていたとしても、その高さできちんと吹けるかどうかはまた違う話ではないでしょうか。

武田　おっしゃる通り。私は絶対音感がないので、音程に関しては苦労しています。でもまさに今でも耳と口を一致させるように練習をしていて、音程は少しずつ良くなってきているなと、自分では思っていますね。

――前奏がなくていきなりスタートしなきゃいけないときは、やっぱり基準音をいただくことが多いですか？

武田　そうですね。私はよく、伴奏者に最初の音を弾いて、とお願いします。基準音がないと絶対音感がない人は厳しいと思いますよ。でも歌と同じで、手を介さないぶん、脳と直結している感覚があるのでコントロールはしやすい。音程のコントロールがしやすいと感じる人は多いかもしれないです。

――歌の上手下手との関係はどうなんでしょうか。わくわく口笛コンサートに出場していた早稲田大学の口笛サークル「ことリップ」の学生さんに、歌も上手いのですかと訊ねたら、ぼく、音痴ですというお答えでした。上手な方もいるので、人それぞれかなと思いま

＊31　最相葉月『絶対音感』新潮文庫、二〇〇六年

したけど。

武田　それは結局、耳とコントロールの話だと思うんですね。音感があって耳が良くても、その音を出すことができるかは別の技術なので、歌が下手でも口笛は上手いというのもあり得るのかもしれません。このあいだプロの口笛奏者二人とカラオケに行ったときは、二人とも歌が上手くてびっくりしましたが。

――正しい音程を吹けるようになるには、どれくらいの練習が必要なんでしょうか。

武田　これは本当に人によると思います。一生かかっても音痴の人もいるし、天才肌の人もいるので。最初からばっちり吹けちゃう人ももちろんいる。

――今回のわくわく口笛コンサートに小学一年生の男の子が出演していて、初音ミクの「千本桜」を吹いたんですよ。明らかに音は外れているのですが、ふーっと合う瞬間がある。不安定だけどきれいで音量もある口笛だったので、今から練習すれば相当上手になるんじゃないかなと思いました。

武田　環境が大事ですね。耳を鍛えることを教えてくれる人が周りにいる環境で練習をしていれば、上手くなると思います。自分だけでやっているとどうしてもわからなかったりしますから、指摘して直してくれる人が周りにいるというのは大事かなと思います。

――親御さんやお友だちに聴いてもらうのもいいですね。音楽をやっている人ならなおいい。

武田 作音楽器としてのむずかしさがある一方、四分の一音（半音の更に半分）のような音を自由に作れるのが口笛の強みでもあります。ビブラートのかけ方にしても人によって違うのは、音程の幅をどのぐらいにするか自分で決められるからですし、低音から高音を吹くとき、バイオリンやトロンボーンだと途中で切り替えをしないといけないですが、口笛は切れ目なくつなげられる。

――ほかの楽器だとできないですか？

武田 上から下まで全部つながるというのはちょっと思いつきません。ピッチのコントロールが非常に自在にできるというのはやはり口笛の強みかなと思いますね。

――楽器でそれができるとすれば、シンセサイザーとか電子楽器になりますね。たとえば、テルミン（＊32）とか。

＊32　一九二〇年にロシアの発明家レフ・テルミンが開発した電子楽器。アンテナから出る電磁波に手を近づけて演奏し、音程と音量を楽器に手を触れずに操作できる。独特の音色と演奏方法で知られ、映画音楽などでも使用されている。

武田　そうか、テルミンがあった。

――テルミンが使われている音楽を聴いたときに、口笛に聴こえたことがあるんですよ。

武田　ありますね。

――あれ、どっちなんだろうと思って。

武田　あれも非常に単純な電子音で、音程を安定させるのがむずかしいですね。

――何も見えない空間に手をかざして音程を作るわけですからね。だいたい3～5オクターブあって、音程と音量を制御する二本のアンテナに手を近づけたり遠ざけたりして演奏するそうです。楽器本体には一切手を触れずに、自分の耳だけを頼りに弾くので、マジックを見ているようで不思議な楽器ですね。口笛の場合は音程をどうやってコントロールするのでしょうか？

武田　さきほどの森先生の論文にもあったのですが、高い音を出したり低い音を出したりということは口の中の空間の形で決まるんですね。形というのはだいたい、あごの開きと舌の位置で決まります。あごが閉じていて舌が上あごや唇に近いほど高い音が出ますし、あごが開いていて舌が下あごや喉に近いほど低い音が出ます。（ひゅー♪、高い音。）（ほー♪、低い音。）口の中の空間が狭くなったり広くなったりするのがわかりますか？

――ひゅー♪、むむむ……。

武田　くわしいやり方はのちほど説明しますが、仕組みとしてはそういうことです。

――あごと舌で容積を変えているんですね。

武田　厳密にはフォルマントなので容積ではないのですが、ざっくり言うとそうなります。いずれにせよ、舌の位置を的確に決めていくことが音程の正しさにつながります。高い音と低い音の話が出ましたので、次はちょっと音域の話をしましょうか。

音域はピッコロ

武田　口笛の音域は、上級者やプロで3オクターブくらいといわれています。ピアノの真ん中のド、これがC4というのですが、この1オクターブ上のド、C5が一番低いところで、そこからその3オクターブ上、ピアノの最高音であるC8くらいまでです。周波数でいうと、だいたい500ヘルツから4000ヘルツになります。フルートの1オクターブ上ですね。

――フルートより1オクターブ上ですか。かなり高いですね。

武田 楽器として考えたときには、ピッコロやソプラノリコーダーと同じなんだなとイメージしてもらえるとわかりやすいです。ピッコロをメインにした曲ってそんなにないのですが、音域のわりに、ピッコロほど音がキンキンしないで耳に馴染みやすい音色ではあるのかなと思います。

――歌の曲を口笛で演奏した場合は、高い音でもまろやかな感じがしますね。

武田 さきほど3オクターブぐらいと言いましたが、中には4オクターブ以上出る人もいます。

――えー、すごい。4オクターブ以上ですか。

武田 私が聴いたことがある一番低い音はC4です。さきほど言ったピアノの真ん中のド、これが出る人がいます。喉のほうまでがーっと開けて吹く、ホローホイッスル（hollow whistle）と呼ばれる特殊な吹き方でしか出せない音域です。ドー、シー、ラー、ソー（▼6）。

――ほーっ。

武田 私はE4（ミ）くらいまでしか出ないですけど、そのさらに下のC4まで出る人が世界にはいるんです。高いほうは、音楽的に使えるかどうかは別として、ギネスの世界記録は1万9000ヘルツ以上になっています。

——私には聴こえないんじゃないかなあ。

武田　そうですね。人間の可聴音域がだいたい2万ヘルツまでといわれていますので。ただ、ここまで出る人はほとんどいないというか、まず、いないでしょうね。実際はめちゃめちゃすごい人で、C9、8000ヘルツぐらいまで出る。

——武田さんの音域はどのくらいですか？

武田　私は最高に調子のいいときでE4からG8ぐらい。これは4オクターブちょっとになります。

——わあ、4オクターブ以上出るんですね。

武田　ただ音楽的に使えるかどうかはまったく別の話で、練習で無理やり出して出せる音がそのぐらい。端のあたりになると出る確率もちょっと下がってきますし、その日のコンディションによってきれいに出たりまったく出なかったり、音量は小さかったりといろいろな問題があるので、演奏に使えるのはやっぱり3オクターブちょっとですね。

——わくわく口笛コンサートのインターミッションで、音域と音量のコンテス

▶6　**特典映像　ホローホイッスル**
https://vimeo.com/1045013185/1ae409d15a

トがあったんですけど、高い音は聴こえない感じなんですよ。

武田　モスキート音みたいだから、耳に痛かったりもします。

――ええ。確かに、音楽としてはあまり必要ないのかなと思ったりしましたけど。

武田　実はこの3オクターブという音域ですが、ほとんどの管楽器と一緒なんです。フルートやトランペットが大体3オクターブ、サックスやオーボエは2オクターブ半といわれていますので、口笛はだいたい普通の管楽器と遜色ない音域をもっていると考えていいと思います。

――音域は訓練によって、高いほうも低いほうも出るようになるのですか？

武田　出るようになります。コツというものがあって、純粋な筋トレ的な訓練ではなく、やり方を知るということになります。誰でもちゃんと学んで訓練すれば2オクターブ半は出ると思います。

――武田さんも訓練して4オクターブちょっと出るようになったんですね。

武田　はい、訓練しました。ただ、やはり教え方が確立していないので、試行錯誤の連続でした。

――一人で試行錯誤するしかない。

武田　しかも、一人ひとりが自分の楽器をもっているわけですから、出し方は自分の口の形に合わせて研究をしなければいけない。

――音域を広げるための練習は、小さい頃からやったほうがいいのでしょうか？

武田　年齢にかかわらずいつでもできることではあると思いますけども、どんなことでも小さい頃からやったほうが上手くはなるでしょうね。

音量は低音になるほど小さい

武田　音量の話になりますが、口笛はどうしてもほかの楽器や声と比べると小さいんですよね。

――さきほどお話しした、わくわく口笛コンサートの音量のコンテストでは、みなさんすごかったんですけど、一番出た人で119デシベルぐらいだったかな。

武田　ちょっとイメージしにくいですが、今調べたらトランペットの最大音量が120デシベルと出てきました。口笛でトランペットと同じ音量って本当かな……。普通はマイクを通さないと、ほかの楽器にはまったくかないません。ダイナミクス（音量の変化）もつけにくいですし。

――そうですよね。

武田　ただ、中高音域は練習すればそれなりに音が大きく出るようになりますので、曲と調を選べば生音でもある程度演奏はできます。それでもやはり、ステージに立つときにはマイクを通して演奏することが主流です。

――コンサートでもコンテストでも、みなさんマイクを持って演奏されますね。マイクを通すと、どんな音も均一に出せるものですか？

武田　音量は音域によってかなり違うので、自分の一番大きい音が出る音域を知っていると、曲選びや曲のキーを決めるのに役立ちます。低音域はどうしても大きい音が出せないのですが、管楽器も弦楽器も低音がしっかりしている楽器が多いので、そういう楽器のために書かれた曲を演奏しようと思うと、口笛ではどうしても低音が弱くなってしまうという問題があります。

――ああ、なるほどー。

武田　逆に歌の曲は割と音域が狭い曲が多いですから問題なく吹けることが多いですね。

――選曲が大事になってきますね。

音色を変える方法あれこれ

武田 さきほど、口笛は電子音のような正弦波で音色の変化がつけにくいと言いましたが、アーティキュレーションを付ける方法を変えることで十人十色の演奏になります。アーティキュレーションは前の章でも少しふれましたが、音と音のつなぎ方や切り方、単純にいうと「表情付け」です。タンギングってわかりますか。

――音楽の授業でリコーダーを吹いたときにやりましたね。

武田 トゥートゥートゥートゥーって音を区切るやつですね。あれをどのように口笛でやるか、という話なんですよ。口笛は舌先が音程に非常に影響しやすいので、口笛でタンギングするときに舌を使う人は少数派なんです。できないことはないんですけど。ほとんどの人がどうやるかというと、声門閉鎖、喉を使って「うっ うっ うっ」って息を止めることで音を区切ります。タンギングを声門閉鎖でやるのと、舌先でやるのとでは印象がガラッと変わります。唇を閉じて音を区切るというのもあって、非常に柔らかい音になります。人によって得意な方法が違うので、ずいぶん違う音色になります。

――リコーダーは文字通り舌で区切っていましたけど、口笛はむずかしそうです。やっぱり喉かなあ。「うっうっうっ」って。

武田　ウォーブリング（warbling）という技もあります。これを使うか使わないかでずいぶん雰囲気が変わってくる。

――ウォーブリングとはどういう技術ですか？

武田　warble《ウォーブル》というのは鳥がさえずるという意味の動詞です。そこから転じて、ピロピロした音の変化をつけることをウォーブリングといいます。これをやる人、やらない人でまったく印象は変わってきます。

――ロン・マクロビーやロジャー・ウィテッカーが使っていた技ですね。練習すればできるようになるのですか？

武田　なります。くわしくはのちほどお話ししましょう。

――楽しみです。

武田　アーティキュレーション以外では、ビブラートも音色に変化をつける重要な要素のひとつです。これもどういうビブラートを使っているかによって、受ける印象がまったく変わってきます。人によって全然使い方が違うので、単純なメロディーを吹いても人によって雰囲気がまるで違う。

――たくさん聴いたわけではないのですが、同じ曲を演奏されても、ビブラートをかけるタイミングやスピードは人によって違いましたね。

武田　ほかに、ピッチを高めにとるクセがあるか、低めにとるクセがあるかという違いもあります。

――ピッチの違いはすごく感じました。微妙にずれてるかなと思うこともありましたね。歌の場合はそれでもなんとなく……。

武田　なじんでくる。

――そう、なじんでくるんだけど、口笛で音が外れると、あ、外れてるってすぐに気づいちゃう。

武田　まさに。それがさきほど言った、正弦波に近い単純な音であることが原因なんですよね。声や楽器はいろんな周波数の音が混じっているので多少音程がずれていてもあまり気にならないというか、味になったりするんですが、口笛はほぼ一つの音しか鳴っていないので、どうしてもなじまなくて浮いてしまう。

——浮いてしまいますね。なるほど、そういうことなんですね。

基本の奏法
——タンギング、ビブラート

タンギング

武田 ここからは楽器としての口笛のさまざまな奏法、技法を紹介したいと思います。まず、タンギング（tonguing）（▼7）ですね。これは音を区切ったり、音にアタックをつけたりするのに使います。アタックというのは、強く明瞭に発音することをいいます。リコーダーの授業の話がさきほど出ましたけど、トゥトゥトゥトゥってやる。

——やりました、やりました。

武田 タンギングのタングというのは舌のことです。牛タンのタンと一緒。ですが、口笛の場合はどうしても舌の動きが音程に影響しやすいので、通常は喉で音を止めます。喉で止めるのを、グロッタルストップ（glottal stop）といいます。

――グロッタルってどういう意味ですか。

武田　声門の、という意味です。言語学の言葉で、声門閉鎖、日本語の小さい「ッ」を使って音を止めることなので、誰でもできます。喉なのでタング（舌）は使っていないのですが、便宜上、ほかの吹奏楽器にならってタンギングと言ってしまうことが多いです。喉で音を区切るほかに、腹筋を使ってフッフッフッとやって止めるブレスアタックという奏法や、唇を軽く閉じることで音を区切るラビアルストップ（labial＝唇の）という奏法もあります。

――どれも高度な感じがしますね。

武田　実際にやってみるとそうでもないですよ。かなり練習が必要ですが、本当に舌を使ってトゥートゥーと区切るタンギングもできます。音色にそれぞれ違いがあるので、曲の中で使い分けることもありますね。

ビブラート

武田　音色のところで少しふれましたが、ビブラート（vibrato）も大事です。バイ

▶7

特典映像　タンギング／グロッタルストップ
https://vimeo.com/1045012699/91dd2f8de9

オリンやギターのような弦楽器でビブラートをかけようとする場合、音程を上下させます。一方フルートやリコーダーだと息の量の増減、音量でビブラートをかけるんですね。口笛だと、それが両方できます。なので、人によって全然、響きが違うように聴こえます。いずれも伸ばす音をきれいに響かせるための技術です。ビブラートができると周りの人にオッと思われるかもしれない。だいたい口笛を吹いてよく言われるのは、ビブラートかかってる、すげえって。かけすぎもよくないですが。

——普通に吹くのとビブラートで吹くのを続けてやっていただいていいですか？

武田　フー、これが普通ですよね。ビブラートが、フフフフフ（▼8）。

——なるほどー。ビブラートは喉で調節しているんですか？

武田　ぼくはフルートのように息の圧力でやることが多いですね。だから腹筋ですかね。舌の動きでバイオリンのように音程を上下させる人のほうが多数派かもしれません。

——ビブラートがかかると、電気音っぽくなくなりますね。

武田　あー、なるほど。そうかもしれないですね。

——柔らかさが出ますね。

口笛ならではの奏法

——インワード／インアウト、ポルタメント／グリッサンド、ウォーブリング

インワード／インアウト

武田　次に、吸って音を出す奏法についてお話ししましょう。インワード（inward）奏法と呼びます（▼9）。

——それはぜひうかがいたかったことです。私、口笛は吹けないんですが、吸ったら音が出るんですよ。

武田　ぼくも最初は吸ったら出るほうだったんです。結構多いと思いますよ。

——なぜなんでしょうね。吹くほうは全然出ないのに。

武田　口の中の構造に依存しないからかな。舌の位置に影響されないい

▶ 8　特典映像　ビブラート
https://vimeo.com/1045013890/40452d3ade

▶ 9　特典映像　インワード／インアウト
https://vimeo.com/1045014681/24aae65669

からかもしれません。

――ああ、なるほど。

武田　ところで、吹くときは外向きに音が出てるはずじゃないですか。吸ってるときはじゃあ内向きに音が出てるのかどうなんだっていうところはすごく気になっていて、森幹男先生にうかがってみたんです。

――内向きじゃない気がする。

武田　ええ。音源の場所が内であれ外であれ、音の種が口腔内で共鳴して音が出るときは前に出るんだそうです。そもそも音は空気の流れではなくて、疎密波という縦波の空気分子の揺れが伝播《でんぱ》していくことなので、音源が内だろうが外だろうが、大気は物理的につながっているので音は間違いなく前に出るんだと。

――吸っていると音が口の中に吸い込まれていくイメージがありますが、やっぱり音はちゃんと外に向かっているんですね。以前、武田さんがライブで、吸って吹く方法で演奏されてましたよね。

武田　便利なのでよく使います。吸っても音が出る吹奏楽器って、ほかにはハーモニカぐらいでしょうか。でもハーモニカは吹くときと吸うときで違う音しか出ないので、そういう意味では、口笛が唯一、吸っても音が出せる、息継ぎをしないでずっと演奏ができる夢のような楽器なんですね。

――ああ、そうですね。息継ぎをしなくて演奏ができる。

武田 ほかの楽器だと、鼻で息を吸いながら口で吹く循環呼吸という離れ技みたいなことをしないとずっと吹き続けることができないんですけど、口笛はそれを習得しなくてもずっと吹き続けることができる。

――循環呼吸とは違うんですね。『絶対音感』で取材した中村明一さんという尺八奏者の方のライブにうかがったことがありますが、循環呼吸は本当に神業そのもので、息継ぎをされないので聴きながらこちらの息が止まりそうな感じがしました。口笛の場合はあれとは違うものなんですね。

武田 違うんです。吹くときと吸うときで若干音色に違いがあるんですけど、そこも練習すればだんだん均一になってきます。吹くのと吸うのを交互に繰り返すのをインアウト（in' n' out）奏法とか吹吸《すいきゅう》奏法といいます。吹吸なんて言葉があるのかどうかわかりませんが。

――インアウト奏法ができるとどんなメリットがありますか？

武田 速いパッセージを簡単に吹くことができるんですよ。この練習をするときにいつもいうのが、夏バテしてる犬の真似（ハァハァハァハァハァ）。これを超高速でやってくださいって。

――ははは－、わかりやすいです。

ポルタメント／グリッサンド

武田　口笛は音程が自由だという話をしましたが、だからこそできる特徴的な奏法に、ポルタメント（portamento）やグリッサンド（glissando）（▼10）と呼ばれるものがあります。

――グリッサンドはピアノの楽譜に書かれていたのを覚えています。

武田　ポルタメントというのは、ある音から次の音に移るときに、次の音より下からしゃくりあげたり、上から滑らかに下りたりすること。グリッサンドというのは離れた二つの音のあいだを音程を徐々に上げながら、もしくは下げながら移動する効果音のことです。どちらもほかの楽器でも使われる奏法ですが、口笛では音域を問わずとても簡単に、きれいに演奏することができます。

――鍵盤もキーもない口笛の強みですね。

ウォーブリング

武田　もう一つ、口笛にしかない特徴的な奏法があります。さきほどもちょっと出てきたウォーブリング（warbling）（▼11）です。舌の位置や息の圧力で、口の中の空間の構造や息の流速を変化させることで瞬時に音程が飛ぶ、それによって、鳥の鳴き声のようにピロピロと音を切り替える技術のことをウォーブリングといいます。この奏法は、スラー（連続する音を滑らかにつなげること）に使ったり、速いパッセージを吹いたり、装飾音やトリルに使ったりすることができます。トリルというのは、二つの音程を行ったり来たりすることです。

――スマートフォンの着信音の中に似た音があります。

武田　ありそうですね。

――やっぱり電子音に似てるんだ。

武田　ウォーブリングはプロでも使う人と使わない人がいて、これができなくてもプロにはなれるのですが、第三章の歴史の話でご紹介した第二次世界大戦以前のプロ奏者たちは、ほぼ全員できたと思います。

▶10　**特典映像　ポルタメント／グリッサンド**
https://vimeo.com/1045015699/3c406ec73c

▶11　**特典映像　ウォーブリング**
https://vimeo.com/1045016606/14840161d4

――口笛の学校に通っていた女性たちはみんなできた。基本的な技術として教えられていたということですね。

武田 そういうことですね。さまざまな鳥の鳴き真似をするのにも必要になってくる技術なので、そういう意味でもこれができるプロは昔は圧倒的に多かったと思います。日本でウォーブリングができる人は、十五年ほど前まではほとんどいませんでした。それが、二〇〇七年、日本から世界大会に何人も参加した年がありまして、そのあたりから海外の奏者と交流するうちに、ウォーブリングってものがあるんだぞという情報が入ってきて、日本でも少しずつできる人が増えていった。今では YouTube に教則動画も上がっているので、どんどんできる人が増えています。

――武田さんはどうやって身につけたのですか？

武田 ぼくは、十五年前に YouTube で海外の人がやっているのを観て身につけました。当時はほとんど日本語の情報がなかったんです。できる人も日本に数人しかいなくて、その人たちもうまく説明できないという状況で英語の解説動画を見つけて、そこから私がやり方を説明できるようになったので、いろんな人に教えているあいだにどんどん広がっていったんです。

――ライバルが増えてきた。

武田　もちろん広めたのは私だけじゃないですけど、日本の口笛演奏技術はここ十五年で確実に進化しました。

――ウォーブリングって、どんなふうに吹くのですか？

武田　わかっているだけで四種類やり方があります。舌先を上あごにつける、舌先を下唇につける、ほっぺを片方膨らませる、あともう一つ、口で説明がしにくいんですけど、レジスタースイッチという方法があります。レジスターというのは、歌でいうところの声区にあたる単語です。口笛の音程変化はなめらかだと言いましたけど、途中で重なりあった複数の音域帯がありまして、これがさきほどのフォルマント周波数の並びに一致するんですが、そのあいだを行ったり来たりすることでピロピロと切り替わります。さきほど出てきたオーバーブローイングとはこれのことです。歌でいうと、ヨーデルの地声と裏声を行き来するイメージが近いかもしれません。言葉で説明するのはむずかしいですね。

――音の違いを知っていただくしかないですね。口の中は見えなくても、こんなに種類があるということだけでも知っていただければ。それにしても、こんな技っていつ頃からできるようになったんでしょうね。

武田　歴史はわかりませんけど、やっぱり、自然発生的にできたはずだと思うので、人類の歴史と同じくらい古いんじゃないですかね。

――そういう質問をわくわく口笛コンサートに参加された方々にしてみたんですよ。いつ頃から口笛吹いてましたかって。そうしたら、気がついたら口笛を吹いてたよ、みたいな感じの人がほとんどだった。口笛ってそういうものなんだなあと思いましたね。

武田　そういうものなんだと思います。でも、これが今後どうなっていくかですね。

――まさか、早期教育が始まる？　まずいなあ。

特殊奏法

――グロウル、フラッター、タッピング、重音

グロウル

武田　次にご紹介するのは、グロウル（growl）奏法です。グロウルというのは喉を鳴らす、うなり声のことですね。声と口笛を同時に出す奏法です。フルートやサックスでも使われ

ています。

――へえ。

武田　ビリビリっていう音になります。ビリビリ。（▼12）

――お〜、すごい。おもしろい。やっぱり電気的ですね。

武田　そうですね。これ、人によっては、声と口笛の音程を別々にコントロールして二重奏をやるという離れ技をもつ人もいます。

――なんだそれは。口笛でメロディーをやって、声で伴奏するとか、そういうこともできるんですか？

武田　そういう離れ技をやるびっくり人間みたいな人もいます。

――へー。すごい。もう、バンドがいらないじゃないですか。

武田　いやー、聴いて気持ちいいかどうかというと、また別の話だと思いますけどね。

――どんなときにグロウル奏法を使いますか？

武田　ぼくはブルースっぽい雰囲気を出したいときに使ったりするかもしれないですね。

▶ 12　**特典映像　グロウル**
https://vimeo.com/1045017668/69258077ce

――ちょっとベースが入ったみたいな感じですかね。おもしろいなあ。

武田 効果音的にアクセントとして入れるといい感じになります。

――これも自然発生的にできるようになったものですか？

武田 そうですね。

――教本みたいなものがあるわけではないですか？

武田 残念ながら、ないですね。昔、自分のホームページでまとめていたことはありましたが……。

フラッター

武田 次にご紹介するのは、フラッター（flutter）、巻き舌です。

――絶対できないやつだ。

武田 口笛を吹きながら巻き舌をすると、トレモロっていうんですけど、細かい同じ音が連続して吹けます（▼13）。フランス語やドイツ語のRの音みたいに舌の中腹、少し奥のほうでもできます。

――あーほんとだ。鳩みたい。

武田　高い音でやるとコオロギみたいになりますね。

タッピング

武田　もう一つ、ちょっとおもしろいところでタッピング（tapping）（▼14）というのがあります。音を区切るのに指を使う。指で唇を叩く。ないしは、ほっぺを叩く。

――タッピングという言葉は聞いたことがあります。

武田　タッピングって、もとはギターの用語です。

――ああ、そうでした。

武田　指板（ギターのネックの部分）を指で叩いて音を出すことをタッピングっていうんですけど、口笛では口笛を吹きながら唇やほっぺを叩くことをタッピングといっています。口のコントロールだけで速いアーティキュレーションができない人はちょっと裏技的に使ったりすることができるので、コンテストによっては手を使うのを禁止しているところもあります。

▶13　**特典映像　フラッター**
https://vimeo.com/1045019230/f5e02a2a1c

▶14　**特典映像　タッピング**
https://vimeo.com/1045020443/8651a29965

――ノーハンズ!

重音

武田 最後に重音奏法(multiphonic)についてお話ししましょう。これはもう、最上級といっていいんじゃないでしょうか。

――二つの音を同時に出すんですか?

武田 そうです。同時に出す。だから口笛で和音が吹けちゃうんです(▼15)。

――和音ですか!

武田 音楽的な興味がある読者もいると思うので具体的なお話をすると、短三度、長三度の和音(*33)が一番吹きやすいです。

――なんでだろう。

武田 わかんないですね。

――誰でも短三度、長三度ということですか。

武田 そうですね。

――人類共通?

武田　そうです。訓練すれば短二度から長六度ぐらい（＊34）まで吹けるようになります。

——武田さんはできますか？

武田　重音は出ますよ（二音同時に出る）。

——わあ、ハモってる〜。

武田　一人でハモれるんです。

——それとさきほどのグロウルを同時に全部やることはできますか？

武田　いやあ、できますけど。

——できるんですか？

武田　（三音同時に出る。）

——すごい。

＊33　音楽理論における基本的な音程。短三度は二つの音の間に全音と半音があり、たとえば「ド」と「ミ♭」。暗めの響きがある。長三度は全音二つ分の間隔で、「ド」と「ミ」のように明るい響きが特徴。いずれもコード構成の重要な要素で曲の雰囲気を決定づける。

＊34　短二度は二つの音の間が半音一つの音程で、不協和音になる。たとえば「ミ」と「ファ」。長六度は全音四つと半音一つがあり、たとえば、「ド」と「ラ」。

▶ 15

特典映像　重音

https://vimeo.com/1045021425/1bbc4e49c0

武田　もう何やってるかよくわからない感じですけどね。

——もうバンドですね。それは練習してできるようになったんですか？

武田　練習してできるようになりました。重音に関しては、ほかの人がやっているのを見たことがあって、自分も絶対できるはずだと思ってひたすら一人で練習したんです。

——やり方を教えてもらうことはできますか？

武田　教えることはできます。できますけど、そうするとレジスターの話をしないといけなくなっちゃうんですよ。

——さっき、地声と裏声を行き来するヨーデルで説明されましたね。

武田　口笛を低い音から高い音のほうに音程を徐々につなげながら上げていくと、途中で裏返るところがあるんですよ。ヨーデルというか裏声というか、ここの裏返りをレジスタースイッチといって、下のレジスターから上のレジスターに切り替わるということをやっているんですけど、上下のレジスターを同時に吹くと和音が出るんです。

——ははー、よくわかんないですけど。

武田　科学的にもよくわかっていません。よくわかんない口笛の世界です。ははは。

——これは私もがんばって練習したらできるようになりますか？

武田　できるようになると思います。これができる人って日本でもそんなにいないんですけど、この本が出たら一気にみんなできるようになるかも。きっと、みんなやりたくなりますよ。

――自分でひたすら練習したらいいんですよね。なんて楽しいんだ。子どもとかキャッキャいってやりそうだなあ。

口笛が楽器になるとき

武田　以上で、だいたい口笛という楽器の特性みたいなものがわかっていただけたかと思います。

――すごくよくわかりました。ほかの楽器と同じくらい奥が深いですね。この曲はこの技法・奏法が特徴的に使われている、といった具体例ってありますか？

武田　わかりやすいのはウォーブリングでしょうね。第三章で出てきたロジャー・ウィテッカーの「Mexican Whistler」（一一一頁）ではふんだんに使われていますし、「バンビ」の冒頭の劇中歌でもウォーブリングを使っています。日本ではあまり技術的なものは、そんなに前に出てこないですね。

――日本の口笛は歌そのもののよさ、味わいが前に出ているような気がしますね。日本人らしさなのかどうかわかりませんが。

武田 そうですね。

――ここでは代表的な奏法を教えていただきましたが、この先また新しいものが生まれる可能性がありそうですね。

武田 これからまだまだ技術は発展するかもしれない。たとえばフィギュアスケートでどんどん新しいことができる人が出てくるように、口笛も、吹く人の数が増えるにつれて、どんどん新しいことが出てくるに違いないので。いろんな技術を習得して、口笛を楽器のように扱えるようになってもらえると、もっと口笛が楽しくなると思います。

――神戸のバンド「口笛 jam」で口笛奏者をされている鈴木潤さんにうかがったのですが、楽器としての口笛は音が不安定で、その理由が二つ大きくあって、一つは音高が定まらない、もう一つが、音量が十分ではない。この二つがとても大きくて、楽器としてはなかなか呼ばれにくいんだと。

武田　どちらかというと、音量が十分ではないというのが大きい気がしますね。楽器としては音域も十分広く、各種技法でさまざまな表現もできますし、音量を除けばほかの楽器と比べて遜色ないと思っています。

――音量はマイクがありますからね。音高はいかがでしょう。

武田　音高が定まらないというのは歌やバイオリンやトロンボーンも同じですが、口笛というのは人生の途中で始めて、しかも我流でやっている人が多い。そのために、口笛は音高が定まっていない、音程が悪いという印象につながっているような気がするんです。

――確かに、そうですね。

武田　実際は音感さえよければ、声と変わらないので。

――口笛奏者には、大学で音楽の専門教育を受けたプロの方がいらっしゃいますよね。やっぱり専門教育は必要ですか。あればあっただけのメリットがあるのかどうか。

武田　間違いないと思いますよ。

――ああ、そうなんだ。

武田　知識も技術もあったほうがいいです。ほかの楽器や歌でやっていることが直結してくるので。

――楽譜を読めることも含めて？

武田　それもそうですし、音感もそうですし、表現力に関しても、ほかの楽器で身につけた表現力を口笛に置き換えられますから。

――音楽大学に口笛科ができたらおもしろいですね。

武田　そのためにはまず、口笛科を出た人が食べていけるだけの市場ができないといけないですけどね。

――この本を作りながら、コマーシャルから、ドラマやアニメ、映画まで、本当に幅広いジャンルで口笛が使われているのを知りましたので、次章で、実際にプロとして活躍している口笛奏者の世界についてうかがっていくことにしましょう。

口笛の腕試し曲「チャルダッシュ」

間奏④

武田

ピアノの難曲といえばリスト、バイオリンの難曲といえばパガニーニなどがよく挙がるかと思いますが、口笛のコンテストで難曲としてよくチャレンジされているのが、一九〇四年ヴィットーリオ・モンティ作曲の「チャルダッシュ」です。もともとバイオリンのために作曲されたこの曲は、バイオリン・コンサートのアンコール曲としてもよく使われ、日本ではフィギュアスケートの浅田真央選手が二〇〇六〜〇七年シーズンのフリースケーティングのプログラムに使用したことでもよく知られています。

冒頭のスローでメロディアスな部分では表現力を、中盤以降の細かいパッセージでは技巧を、真ん中の超高音域部分では音域を問われるため、この曲をしっかり吹ききれればコンテストでもかなりの高得点を狙えます。実際に、二〇〇八年に国際口笛大会が日本で開催された際には、五名の出場者が「チャルダッシュ」を演奏して、五名全員がそれぞれの部門で優勝か準優勝しています。私もこの曲で二〇一〇年、中国大会のティーン部門を制しました。

速いフレーズの演奏技術が人によって違う（ウォーブリング、インアウト、グロッタルストップなど）ので、各奏者で演奏の色が大きく異なるのもおもしろいところです。モンティも、自分の作った曲が口笛音楽の重要レパートリーになっていると知ったらとても驚くことでしょう。口笛に自信のある方はぜひ挑戦してみてください。

口笛奏者の世界

第五章

日本は口笛大国

――二〇二四年に川崎で開催された第四六回口笛世界大会には、複数のテレビ局が取材に来ていましたね。ある番組で、日本口笛奏者連盟副会長の進藤隆明さんが、「日本は口笛大国です」とおっしゃっていて、へえ、そうだったのかと意外に思いました。

武田　そうなんですよ。口笛大会があるということが非常に大きいと思います。コンテストがあるからそこに出場する人がいて、出場した人の中から口笛奏者が出てくる。今、世界で定期的に開催される口笛の国際イベントがあるのはアメリカと日本なので、日本には多いんです。

――日本とアメリカ以外はどうですか?

武田　インドにはインド口笛奏者協会があって結構盛んです。インドから日本やアメリカの大会に参加する人たちもいます。過去に世界大会が開催されたことがある中国にも、中国口哨協会をはじめ口笛奏者のグループが複数あって、国内大会があります。ヨーロッパは数は多くはありませんが、各国に口笛の演奏をやっている人たちがいます。

――大会に出場したら、みなさん口笛奏者と呼んでいいですか？

武田　出場の有無を問わず、口笛で演奏活動をやっている人が口笛奏者を名乗っていると思いますね。

――肩書きは「口笛奏者」でよろしいですか？

武田　口笛の演奏活動をやっていて困るのが、自分のやっていることを人にどう説明するかなんですよ。名刺のデザインを考えるときも、肩書をどうするかでいつも悩みます。「ウィスラー」とか「口笛演奏家」「口笛音楽家」「口笛アーティスト」などのバリエーションも考えたのですが、ウィスラーだと日本語で聞いたときにパッと意味がわかりませんし、あまり長いのも避けたい。興味をもってもらえて、かつまじめな音楽活動であるということを一発でわかってもらわなければいけないというのは、口笛を音楽として演奏する人に共通する課題になっています。日本で一番多いのは「口笛奏者」、あるいは「くちぶえ奏者」ですね。

――ひらがなを使う人がいるんですね。

武田　「くちぶえ」を使っている人の多くは、気楽で手軽な音楽としての口笛を推進しているのに対して、漢字だともう少し真面目な印象になるでしょうか。ぼく個人としては口笛を器楽的なアプローチで発展させることと、音楽の中で器楽や声楽と同じような位置にもってくることが目標なので、あえて漢字を使っています。

――口笛奏者って、世界にどのくらいの人数がいるのでしょうね。

武田 口笛演奏だけで食べていける人となると相当少ないと思います。ほかの音楽をやっているとか、ぼくみたいにほかの仕事をやりつつ口笛の演奏活動をやっている人となると、世界で数百人はいるんじゃないでしょうか。ひょっとしたら一〇〇〇人以上いるかもしれません。日本で演奏活動を定期的にやっている人で考えると、一〇〇人はいるでしょうか。口笛サークル、という形でグループでやっている方を入れると二〇〇人くらいかな。そのあたりは統計があるわけでもないので。

――口笛が盛んな国はどうやら日本らしい、ということですね。

武田 コミュニティとして強いんです。アメリカは個人主義的というか、集団というより個人の口笛奏者がいっぱいいるという感じでしょうか。日本は人数も多いし、口笛界のつながりが非常に強い。国土はアメリカの二五分の一ですので、会おうと思えばすぐに会えますし、各地に定期的に練習している口笛サークルもあります。いくらインターネットがあるとはいえ、直接会える環境にいるということは、お互い高め合うという意味でも、モチベーションを保つという意味でも、情報交換という意味でも、良い環境なんじゃないかなと思っています。

のどじまんから始まった大会

――ここからは、これまで多くの口笛奏者を輩出してきた大会の歴史についてうかがっていきたいのですが、口笛世界大会（ＷＷＣ）のプロデューサーをされている口笛奏者のりょうすけさんが、第四六回大会の開会挨拶でおっしゃっていたことが非常に印象に残っています。一九七四年にアメリカのルイスバーグで始まって、二〇二四年の今回がちょうど五十年目。そもそも田舎町ののどじまん大会として始まったけれど、最初に優勝したのが口笛を吹いた人だったので、それがきっかけで口笛大会になっていったそうですね。

武田　アメリカのノースカロライナ州フランクリン郡にあるルイスバーグという小さな町の、町おこしとして開催されたフェスティバル（Franklin County and Louisburg College Folk Festival）

の中の歌のコンテストだったんです。一七八七年にできた全米最古の二年制大学（コミュニティカレッジ）、ルイスバーグ大学（Louisburg College）の広報担当者だったアレン・デ・ハート（Allen de Hart, 1926-2016）がオーガナイザーでした。フェスティバル自体は一九七〇年から開催されていて、七四年に参加したダレル・ウィリアムズという人が口笛を吹いて優勝して、翌年も口笛で優勝した。

——二年連続優勝だったんですね。

武田　そうなんです。自作の曲を吹いたそうです。それで、次の一九七六年から別枠でフェスティバル内の口笛コンテストを始めた。ですから、最初にウィリアムズが口笛を吹いてから数えて五十年ということですね。ナショナル・ウィスラーズ・コンベンション（NWC）と改称されたのは一九八〇年で、名前としてはここで全国大会になったのですが、その前から全国から参加者は集まっていました。

——ずっとルイスバーグで開催されていたのですか。

武田　二〇一三年まで約四十年間、二〇〇八年の日本開催、二〇一〇年の中国開催を除いて、ルイスバーグで開催されていました。ぼくも何回か行きましたが、本当に小さな町で、口笛大会の時期は宿泊施設が参加者でいっぱいになっていました。これとは別に、ネバダ州カーソンシティで、カーソンシティ・インターナショナル・ホイッスル＝オフというイベントも始まって、一九七七年から一九八九年、合計一二回開催されています。こちらはインターナショナルといっているだけあって、カナダやメキシコからも参加者がいたみたいですね。初回大会の映像（▼16）が残っているんですよ。

――ほう、いきなり若い女性へのウルフホイッスルから始まっているところに時代を感じますね。これは8ミリのカメラで撮ったのでしょうか？

武田　だと思いますね。マイクが一本しかないので、テープレコーダーをそばに置いたり手に持ったりして吹く人もいれば、ピアノの生伴奏で吹く人もいる。

――歯笛や指笛、手笛、口を開けたまま吹くパラタル奏法の人もいますね。

武田　女性や黒人の参加者もいますし、葉巻を一〇本ほどくわえながら口笛を吹く人もいる。こういう大会があったという記録映像として貴重です。

――ほぼ同じ頃、お互いまったく関係なく、アメリカで二つの口笛の大会が始まったんですね。

武田　ルイスバーグで優勝した人をカーソンシティに送りこむなどの交流もあったようです。カーソンシティの大会は一九八九年でなくなったので、ルイスバー

▶16　**第1回カーソンシティ・インターナショナル・ホイッスル＝オフ**
https://mediaburn.org/video/the-whistling-show/

グが唯一残った。インターナショナル・ウィスラーズ・コンベンション（国際口笛大会、ＩＷＣ）と名前を変えたのが一九九六年で、その年から男性と女性が部門で分かれました。アメリカの大会はこのような流れです。

――武田さんが最初に行かれた大会が、二〇〇八年に牛久で開催されたＩＷＣでしたね。

武田　そうです。申し込みは間に合わなかったのですが、観客として行きました。初めて参加したのは、二年後の二〇一〇年に中国の青島で開催された大会のティーン部門でした。

――初めて優勝されたときでしたね。ＩＷＣはこのあと、アメリカの主催者たちが高齢化して続けられなくなって、二〇一四年に開催された川崎の大会で終わってしまった。りょうすけさんは、これまでアメリカの大会に何度も参加してお世話になってきたご自身の務めだと考えて引き継ごうと決断したとおっしゃっていました。それが、二〇一六年から日本で開催されている口笛世界大会、ＷＷＣなのですね。

武田　ＩＷＣが二〇一四年で終わって、そこから今ある二つの国際大会、日本で開催されている口笛世界大会（ＷＷＣ＝The World Whistlers Convention）と、アメリカで開催されている口笛音楽マスターズ国際フェスティバル＆コンペティション（ＭＭＷ＝The Masters of Musical Whistling International Festival and Competition）が生まれました。ＭＭＷを立ちあげたのは、

"Whistling Diva"（口笛歌姫）といわれるキャロル・アン・コフマン（Carole Anne Kaufman）で、二〇一五年からロサンゼルスで開催されています。りょうすけさんもキャロルもＩＷＣの出身で、自分たちのことを「アレンの子どもたち」と呼んでいるそうです。偶数年がＷＷＣ、奇数年がＭＭＷ、それぞれ隔年開催で重ならないようになっていて、いずれのイベントも、プロによる一般向けのコンサートや参加者向けの講習会、シンポジウムなどがあって、コンテストだけではない本当の意味での「大会」や「フェスティバル」になっています。

――なるほどー、ルイスバーグで始まった歴史ある大会を、二つの大会が引き継いだということですね。コンテストにチャレンジしたい人は、毎年どちらかにエントリーできるのですから励みになりますね。武田さんはＭＭＷでは総合男性と、弾き吹き部門と、二部門で一位になられていますね。このほかに大会はないのでしょうか？

武田　これまでの流れとは別になりますが、ほかの国でも大会やフェスティバルは開催されていたようです。欧米では一九九二年イギリス、一九九四年ドイツのベルリン、一九九七年スイスのルツェルン、一九九九年カナダのアルバータ州エドモントンなどですね。中国では二〇〇四年に最初の大会が開かれて以来、各地でさまざまな規模のコンテストが行われているようで、中でも二〇一五年から広東省で行われている「中国好哨音」というフェスティバルには中国全土から口笛奏者たちが集まり、日本からもゲストが呼ばれたりしています。またアイルランドにはフラーキョール（Fleadh Cheoil）という、アイルランド音楽の一番大きい祭典があって、そこに一九五四年から口笛部門のコンテストがあります。その前にも、一九〇一年から一九五六年まで各地で開催されていたフェシュ（feis）と呼ばれる伝統文化のフェスティバルで口笛コンテストが行われていたようです。第三章でお話ししましたが、アイルランドは伝統音楽の一部として口笛が存在して、コンテストもあるというちょっと世界でも珍しい国ですね。

――アイルランドの優勝者がアメリカの大会に参加することはありますか？

武田　不思議なことに、今のところつながりはありません。交流があってもいいと思うのですが。

――そうですよね。

武田　今は開催されていないコンテストなのですが、りょうすけさんがWWCを立ちあげる前に、日本では、もくまさあきさんという方が二〇〇五年から二〇一八年まで大阪でおさか国際くちぶえ音楽コンクール（旧全日本口笛音楽コンクール、大会名は数度変更）を開催されていました。もくさんは日本人として初めてＩＷＣに出場（二〇〇〇年、男性総合三位）した口笛奏者で、それをきっかけに大阪のコンクール出身者が次々とアメリカの大会に出場するようになったという流れもあります。ぼくが一番最初に参加したのも、彼の大会でした。

――もくまさあきさん、日本の口笛史にとって大切なお名前ですね。こうして回を重ねていくうちに、実力ある口笛奏者が次々と誕生したわけですね。

武田　毎年のようにタイトルホルダーがどんどん生まれることによって、その周辺の人々に口笛に興味をもってもらえるようになるので、演奏活動を通じて認知が広まっていくという流れがあるように思います。その一方で、奏者たちのあいだでコミュニティが醸成されていく。アレンはやっぱりそのコミュニティも好きだったんじゃないか。口笛に対して非常に強い情熱をもった人が、全国各地あるいは世界各地から集まってくる。そのことが彼にとって嬉しいことだったんじゃないかなと想像します。

――コンサートや大会を取材させていただいただけでも、口笛界の人たちの温かさを感じましたから、アレン・デ・ハートさんもきっとそうだったでしょうね。

オンラインネットワークが支えたコミュニティ

——お話をうかがっていて、口笛界のコミュニティの温かさ、豊かさを支えるものとして、近年はとくにオンラインネットワークが果たしてきた役割も大きいように思えるのですが、いかがですか。

武田　それはぜひ話しておきたいことです。二〇〇〇年頃から、「ORAWHISTLE」というオンラインのフォーラムがあって、世界中の口笛吹きが情報交換をしています。

——すでに四半世紀近い歴史になりますね。どんなやりとりが交わされていますか？

武田　お互いに録音をアップロードしてコメントをもらったり、自分の口笛研究を紹介してみんなと議論したり、コンサート情報を共有したり。今はほとんどFacebookに場が移って、またいくつかグループがあって、口笛動画や口笛関連ニュースをアップロードしてコメントしあったりしていますね。そういうコミュニティに参加していると、大会などに行く前からみんなオンラインで名前を知っているので、大会で初めて実際に会えた、嬉しい、みたいな感動があるんです。

——初めて会った気がしない感じでしょうね。

武田 本当にそうですね。世界中に口笛吹きがいてすごく密なコミュニティなので、前にお話ししたように、大学の卒業旅行で彼らを訪ねたり、会社の出張でインドに行ったときは、たまたまその町にインド口笛奏者協会の本部があったので、そこの人たちと交流してワークショップをやって、そのあとに美味しいインド料理を食べさせてもらったり、口笛を吹いているというそれだけで、いろんな垣根を越えて世界中の口笛奏者がつながれるんですよ。非常に強い、素敵なネットワークです。

——今、どのくらいの人数がつながっているのですか?

武田 Facebookで一番多いグループが、「Whistle Me a Tune」(なんか口笛吹いてよ)というグループで、今ここに八四八人いるので、プラスアルファで考えるとたぶん一〇〇〇人以上はつながっているでしょうね。

——ほかの楽器はどうなんでしょうね。

武田 ほかの楽器もネットワークはあるとは思いますが、口笛ほどマイナーでかつ全世界に広がっている芸術や趣味ってなかなかないんじゃないでしょうか。ヒューマンビートボックスは口笛以上につながりが強いと思いますけど、個々がみんなを知っている感じというのは、口笛コミュニティのサイズだからできる感じがします。

――武田さんは一九九二年生まれなので、「ORAWHISTLE」には小学生の頃から参加していたのですか？

武田　「ORAWHISTLE」は大学に入ってからかな、二〇一〇年頃だったと思います。それより前は、高校生の頃にはニコニコ動画やミクシィなど日本のオンラインコミュニティで口笛関連の活動をしていました。オンライン交流サイトの存在、とくにニコニコ動画やYouTubeなどの動画サイトの発展は、口笛コミュニティの発展と切っても切れない関係にあるように思います。東京なら人がいっぱいいるけれど、東京や関西ではないところで一人でやっている人たちともネットを通じてつながって集まれるようになったこと、海外の人の演奏も気軽に聴けること、そういったことの影響は大きいですね。

――高校生の頃から本名でやってたのですか？

武田　いやいや、ハンドルネームですよ。

――ハンドルネーム、うかがってもいいですか？

武田　恥ずかしいな。ちょっとやめておきます。

――わかりました。探したい方は各自で探してみましょう！

武田　うわー、やめてー。

コロナ下で開催されたオンライン世界大会

――新型コロナウイルスによるパンデミックの最中、オンラインの口笛コンテストが開催されました。武田さんは中心メンバーとして活躍されましたね。

武田　二〇二〇年四月に予定されていたＷＷＣがコロナで中止になったんです。みんなせっかくコンテストのために練習してきたのだから、少なくとも発表の場を提供しよう、どうせならオンラインでコンテストをやっちゃおうと思ったのが始まりでした。グローバル・ウィスリング・チャンピオンシップ、ＧＷＣといいます。

――オンラインでの開催は、武田さんが以前から構想していたものだったそうですね。

武田　アイデアの元にあったのはヒューマンビートボックスです。ビートボックスは世界大会の予選の一部がYouTubeへの公開投稿で行われるんです。そこで活発な交流が生まれているのを見て、口笛も同じことができるんじゃないかと前から思っていたところで、コロナでWWCが中止になって、じゃあ一つ試してみようとなったんです。五人の仲間とThe International Whistlers Guild（IWG）を創設して、二〇二〇年と二〇二一年に大会を開催しました。WWCが二〇二二年に復活したので、つなぎの役割を果たせた形です。

――武田さんが口笛に対してもっている大事な考え方で、この本でも繰り返し強調したいことなのですが、学生時代、メキシコの楽団で知り合ったバスの運転手さんみたいに、世界には素晴らしい口笛を吹く一般の人がたくさんいるけれど、だからといってそんな人たちがみんな交通費や参加費を払って世界大会に出場できるわけではない。口笛というのは本来、だれもがもっている楽器なのだから、インターネットにつながる環境があれば、世界中の誰でもどこからでも参加できるようにしたいと。そういうものこそ作りたいとおっしゃっていましたよね。それが偶然、コロナ下で実現したのですね。

武田　世界中を巻き込んだ悲劇であった一方で、新しいものが多く生まれるタイミングでもありましたね。

――大会の規模はどうでしたか。すでに口笛を吹く人たちのオンラインネットワークはあったようですが、どんな国からどのくらいの人数が参加されたのでしょう。

武田　これまでは世界大会といっても多くて一〇か国ほどだったのですが、GWCは初回大会で世界二三の国と地域から、一三〇人以上の応募がありました。規模としては世界最大で、それまで口笛のコミュニティにまったく属していなかった人たちも大勢参加してくれました。

――それはすごいですね。告知するだけでも大変そうです。

武田　とにかくいろんな人に参加してほしいと思っていたので、いろんな言語で「口笛」と検索して、YouTubeやインスタグラムに、こういう大会があるからぜひ参加してくださいというコメントを残して呼びかける、ということをすごくやりました。知人の力を借りてニュースリリースを出して、ヤフーニュース日本版のトップにも載りました。

――おお、それは反響がありそうですね。どんな国から応募がありましたか？

武田　オーストラリア、オーストリア、ベルギー、カナダ、中国、イギリス、フィンランド、フランス、ドイツ、グアドループ（フランスの海外県）、インド、イラン、イスラエル、イタリア、日本、メキシコ、オランダ、ノルウェー、韓国、スペイン、スウェーデン、アメリカ、ベネズエラ、ですね。これは世界大会になったという感じがしました。二〇二一年には南アフリカからも参加がありました。

――人数比はわかりますか？

武田　二〇二〇年の大会で、日本から五四人、アメリカ二六人、インド一三人なので、この三か国で全体の三分の二くらいですね。男性九五人、女性三四人。九歳から七十六歳までの人が参加しました。半数以上が口笛大会は初参加、人前で吹くのは初めてという人たちでした。コロナ下で多くの行事や活動が中止になって、みんなやることを求めていたということもあったと思いますね。

――審査も表彰式もみんなネット上で行われたのですか？

武田　そうです。記念の楯だけは本物を入賞者に郵送しました。

――念願の大会が開催されて、いかがでしたか？

武田　いやあ、やっぱり壮観でした（写真9）。一三一の口笛動画が投稿されて、合計で六時間三十八分あったんですよ。これを全部見て、その中からチャンピオンを決めるというのは一大行事でした。とにかく楽しかったです。

――これは楽しそうですね。初めての人たちもたくさんいらっしゃると思いますが、どんなポイントで審査されたのでしょう。

写真9　GWC2020参加者全員

武田　審査基準は、音程、音の質、音楽性、そして技術ですね。審査員は、二〇一四年のＩＷＣで日本人初の男性グランドチャンピオンになった青柳呂武《ろむ》さんと、バイオリニストのマテヤ・カラヤン（Mateja Kalajian）、ジャズ・トロンボニストのヘイデン・メイペル（Hayden Mapel）。この三人にまずトップ二五人を選んでもらって、決勝は彼ら三人の審査員と、二〇パーセントの一般投票を入れました。一般投票を入れたのはとにかく多くの人に観てもらいたいと思ったからですが、全世界で合計およそ四四〇〇人が投票してくれました。

――そんなにたくさん！

武田　はい。優勝は二〇二〇年大会がオランダのピアニスト、フランク・オペディク（Frank Oppedijk）。各人自分の好きな曲を一曲だけ吹いて応募してもらったのですが、ピアソラの「チキリン・デ・バチン」（Chiquilin De Bachin）を演奏されました。二〇二一年大会の優勝は日本人でドイツ在住のオペラ歌手、松村祐甫《ゆうすけ》さん。歌劇「ロミオとジュリエット」から「私は夢に生きたい」を演奏されました。

――YouTubeに公式チャンネル（＊35）がありますので、ファイナリストの演奏をぜひ読者にもご覧いただきたいですね。オンライン大会はみごと成功したわけですが、会場で行うリアルな大会との違いはありましたか？

武田　実際にステージで吹くのは一発勝負ですが、オンライン大会は時間の許す限り何回でも撮り直せるところが一番大きな違いでしょうね。どちらが好きかという話になりますけど、一〇〇パーセントに達しないと何回でも撮り直せてしまうストレスと、一発勝負のプレッシャーと、まったく違います。

――参加者の条件は一緒ですからね。ただ、実際のステージに立つのは相当なプレッシャーがありますよね。観客がいて、照明があたって、マイクの前に立ってとなると、一人で収録するよりもかなり緊張しそうです。このあたりの話は第六章でお聞きしたいと思います。

現代の口笛奏者はどんな仕事をしているのか

――現代のプロの口笛奏者たちについてうかがいたいのですが、彼らはふだんどんなところで活躍しているのでしょう。

武田　コンサートやイベント出演、学校や自治体主催の文化行事、福祉施設での演奏、ク

＊35　IWG公式YouTubeチャンネル(https://www.youtube.com/@WhistlersGuild)

ルーズ船などの演奏活動をはじめとして、アルバムなど録音物の販売や放送利用、ＣＭ音楽、映画やテレビ番組等の劇伴、ドラマや映画、アニメ作品等の登場人物の「吹き替え」、口笛教室の先生などがあります。

――想像以上に多様な場面で活動されているのですね。

武田　なかでも、口笛奏者として一番のポジションといわれるのが、世界最高峰のサーカス・エンターテインメント集団、シルク・ドゥ・ソレイユの「コルテオ」という演目に登場するリングマスター、Mr. Loyal の役です。ＩＷＣで三度優勝したショーン・ロマックス（Sean Alan Lomax）（▼17）というアメリカの口笛奏者がいて、彼がシルク・ドゥ・ソレイユに応募して彼らと一緒に作った、口笛奏者のための役なんです。

――そんな共同作業ができるとは素晴らしいですね。

武田　彼のあとには、ロバート・ステモンズ（Robert Stemmons）という口笛奏者が役を継いで、現在はヒールト・シャトルー（Geert Chatrou）とデレク・ボドキン（Derek Bodkin）の二人が交代で演じています。ヒールトはＩＷＣ、デレクはＭＭＷの優勝者です。

――武田さんのお名前もシルク・ドゥ・ソレイユに登録されてるそうですね。

武田　タレントデータベースには登録されていて声もかかったんですけど、リングマスター、つまりサーカス団長という威厳のある見てくれをしていないととってもらえない役のようで……。

――ショーン・ロマックスさんもそうですが、ヒールト・シャトルーさんもデレク・ボドキンさんも太っているというか、恰幅《かっぷく》がいい方ですね。

武田　そういうルックスが求められているのかなという気はするんですけど。

――武田さんも声がかかる日があるかもしれないですね。

武田　毎日頑張ってたくさん食べていたら、いつかその日が来るかもしれないですね。ほかに活躍するところでいえば、クリス・アルマン（Chris Ullman）というＩＷＣの優勝者はジョージ・Ｗ・ブッシュ大統領の前で口笛を吹いた口笛奏者として知られていて、メジャーリーグの試合が始まるときの国歌斉唱を何度か口笛で吹いています。もう亡くなってしまいましたが、ジョエル・ブランドン（Joel Brandon）という口笛奏者もメジャーリーグやＮＢＡの試合でアメリカ国歌を口笛で吹いたことがあったようです。

――国歌斉唱ならぬ、国歌独奏かな。

武田　最近だと、ＭＭＷで総合女性一位になった、モリー・ルイス（Molly Lewis）

▶ 17　**ショーン・ロマックスの口笛**
https://www.youtube.com/watch?v=8XVRpotGsO0

は映画「バービー」(二〇二三年)のエンディング曲(♪31)を吹いています。彼女はもともとオーストラリア出身で、アメリカに移住して口笛の演奏活動をしています。

――アメリカには口笛奏者になるための学校がありましたが、それがない現代ではやはり、世界大会で優勝することが口笛奏者としての仕事につながっていくのですね。

武田　タイトルがあると自分を売りやすくなりますね。ヒールト・シャトルーは二〇〇四年、二〇〇五年、二〇〇八年とＩＷＣで三度優勝して、二〇一〇年からはＩＷＣとＭＭＷで審査員を務めました。二〇〇四年大会の模様は「Pucker Up: The Fine Art of Whistling」(邦題「魔法のくちびる〜世界口笛大会」)というドキュメンタリー映画にもなっているのでぜひ観てもらいたいです。シルク・ドゥ・ソレイユのほかに、オーケストラと一緒に協奏曲を演奏したり、映画のサウンドトラックに参加したりしている。現代の口笛奏者の中でトップは誰かと聞かれれば、多くの人が彼の名前を挙げるでしょう。

――第二章でうかがいましたが、そんな素晴らしい口笛奏者に、オランダから帰国したばかりの高校生の武田さんは牛久で会って、オランダ語で話をなさったんですよね。武田さんからご覧になって、ヒールトさんはどんな口笛を吹く方ですか?

武田　非常に澄んでいて、軽快。かつ表情豊かです(▼18)。父親が音楽学校を出ていて家族全員がバロックのリコーダーを吹く家庭で生まれ育って、一時期は教会の鐘、カリヨンの調律を仕事にしていたこともあったようです。

——繊細な聴力をおもちなんですね。

武田　しっかりとした音楽的なバックグラウンドがある口笛奏者です。クラシックからブルース、ポピュラーまでいろんな演奏をしています。

——口笛大会と関係のないところではどうでしょうか。大会は確かに口笛奏者になるための一つの登竜門ではありますが、必ずしも大会に出場しなければ口笛奏者になれないというわけではありませんよね。

武田　前出のアンドリュー・バード（二一五頁）のようにもともと音楽をやっていて、その中で口笛を使っている人はいますし、フランスのフレッド・ラディックス（Fred Radix）（▼19）というコメディアンのように、口笛の演目を作ってパ

♫ 31　Meeting Ruth（映画「バービー」エンディング曲）（マーク・ロンソン、アンドリュー・ワイアット&モリー・ルイス）
https://www.youtube.com/watch?v=GHP40I_lYH0

▶ 18　ヒールト・シャトルーの口笛
https://www.youtube.com/watch?v=zO-aCQ6xH-8

▶ 19　フレッド・ラディックスの口笛
https://www.youtube.com/watch?v=37cTWFnnO5s

リで毎週ショーをやっている人もいる。フランス在住のスペイン人、クーロ・サヴォイ（Curro Savoy）しかり、オーストリアのニコラウス・ハビヤン（Nikolaus Habjan）しかり、ミュージシャンとして口笛を吹いている人たちは、大会に出場するコンペティターとはちょっと別の世界にいるような感じがしますね。もともと口笛で音楽の仕事ができている人は、わざわざ大会に参加してこない。

——すでにプロですからね。

武田　大会出身ではないところで、忘れてはいけない世界的な口笛奏者がもう一人、ハンガリー出身のハッキ・タマス（Hacki Tamás）です。口を開けて吹くタイプの奏者で、十代の頃、白黒の時代からテレビで演奏しています。彼は本業は耳鼻咽喉科医で、音声医学の専門家ですが、そのことが口笛と関係あるのかどうかはわかりません（▼20）。

——ご自分の特殊能力の謎を知りたくてその道に進まれたのかも？

武田　そうかもしれないですね。だいたい、ぼくの YouTube の動画に来る批判的なコメントは、「ヒールト・シャトルーのほうが上手い」「ハッキ・タマスのほうが上手い」「おれのほうが上手い」の三パターンなので、世界的知名度ではこの二人がトップなのかもしれません。

チャンピオンがたくさんいる

——前から疑問だったのですが、グーグルで「口笛　世界チャンピオン」と検索すると、武田さんはじめ日本だけでも何人ものチャンピオンが表示されます。日本は口笛大国とうかがいましたけど、これはどういうことでしょうか？

武田　こんなことを話したら怒られてしまうかもしれませんが、実は口笛の「世界チャンピオン」って世界にたくさんいるんです。大会がほぼ毎年開かれていることと、部門がいくつもあって各部門で優勝者が出ること。英語だとたまに聞き間違えられるのですが、ウィスリング（whistling）はレスリング（wrestling）ではないので、王者が残ってタイトルを防衛するというわけではなくて、参加した人の中で一番を決めるコンテストなんですよね。なので、どんどん新しい人が出てくる。

——なるほど、そういうことですか。

武田　アメリカで国際大会が始まったのが一九七七年からですから、重複を除い

▶ 20　**ハッキ・タマスの口笛**
https://www.youtube.com/watch?v=lJh3LL4zZc8

ても「チャンピオン」は一〇〇人以上いるのではないでしょうか。日本にも一〇名以上いますよ。日本は世界の中でも強豪で、二〇〇七年以降数々のチャンピオンを生み出してきましたから。

――どんな方がいらっしゃるのですか？

武田 みんな友だちなので、友だちのうち、どの友だちを紹介しますか、と聞かれているみたいでむずかしいのですが。

――ははは－、そうですよね。

武田 有名なところでは、口笛ブームの火付け役になった分山《わきやま》貴美子さん、東京藝術大学に口笛で入学したことで話題になった青柳呂武さん、人気ロックバンドNovelbrightのボーカル竹中雄大さんなどでしょうか。分山さんは二〇〇七年にアメリカで開催された国際口笛大会（ＩＷＣ）成人女性部門のチャンピオン、青柳さんは二〇一四年のＩＷＣ男性部門のチャンピオン、竹中さんは二〇〇九年と二〇一三年のＩＷＣティーン部門チャンピオン、といったように、それぞれ大会に出た年と出場した部門が異なるため、大会のたびに数名の「チャンピオン」が新たに生まれるわけです。

――なるほどー。

武田　二〇一九年のＭＭＷで総合優勝された柴田晶子《あきこ》さんは、ＮＨＫの大河ドラマ「いだてん　東京オリムピック噺」のオープニングで口笛を吹かれているんですよ。

――そうなんですか！　ということは、私、一年間、柴田さんの口笛を聴いてたんだ。

武田　そういうことになりますね！

――大会は一度優勝すると、次からは参加できないのですか？

武田　出られないことはなくて、連覇を狙う人もいます。でも、日本人は一度勝ったら参加しなくなる人が多いですね。

――それもあって、チャンピオンが多いんだ。

武田　チャンピオンがたくさんいるとはいえ、世界中から集まった、腕というか、口に自信のある口笛奏者の頂点に立ったことに変わりはありませんから、機会があったらぜひチャンピオンの演奏を聴いてみてほしいですね。

――川崎で開催されたＷＷＣのオープニングコンサートで実際に歴代チャンピオンの口笛を生で聴かせていただいて、人間そのものが楽器なんだと、改めて口笛の可能性に目が開かれました。大会の出身者以外の方はどうですか。日本にも大会とは関係なく活躍する口笛奏者はいますよね？

武田　大会出場者でなく、とくに活躍されているのは、高橋一眞さんと口笛太郎さんでしょうか。高橋さんについてはのちほどお話しするとして、口笛太郎さんはもともと音楽業界で仕事をされていて、口笛奏者としてはテレビ朝日系のドラマ「子連れ狼」や、ＮＨＫ「関口知宏の中国鉄道大紀行」「にっぽん縦断　こころ旅」などで口笛を吹いています。ビートルズやジブリの音楽のカバーアルバムも出されていますね。

――わあー、口笛太郎さんの口笛も、私、知らないうちに聴いていましたね。武田さんは柴田晶子さんとも、口笛太郎さんとも、一緒にコンサートをなさっていたのをYouTubeで拝見しましたが、やはり口笛界は仲がいいのですね。ほかの楽器の世界とはやっぱりちょっと違うかもしれません。ピアノやバイオリンに比べると人数が少ないからかな。

武田　競い合うというよりは、一緒に盛り上げていこう、という感じですね。

――それはＷＷＣの取材でも感じたことです。予選を終えて、いよいよこれから本選が始まるというときに、殿堂入りされている口笛奏者のミッチ・ハイダー（Mitch Hider）からの祝電が紹介されたんです。「すべての人たちと共有したいことがある。競い合うのではなく、共に楽しむこと。これはコンサートです」と。今回は大会に行けないけど、みんなにこのことを伝えたいというメッセージでした。

武田　ああ、そうでしたね。実はちょうど自分の出番の直前だったので、舞台袖で聞いていました。

――まさに本選のスタート直前でしたね。そのとき、あれ？　と思ったんですよ。これから闘いが始まるのに、コンサートだって？

武田　そうですね。コンテストに出るということは、上を狙って出てくることですからね。

――ちょっといやな言葉を使ってしまいますけど、きれいごとに聞こえたんです。

武田　一出場者としては複雑な心境です。

――そこで順位がつくし、つけなきゃいけない場所なわけじゃないですか。

武田　ただ、コンテストもコンサートであれ、というのは確かにその通りだと思います。目の前のお客さんのために演奏しなきゃいけないのは間違いないですから。それに、一般の人に口笛音楽の素晴らしさを知ってもらう機会でもあります。とくにキャロル・アン・コフマンが創設したＭＭＷはそこに重きを置いていて、お客さんが楽しむフェスティバルで、生演奏を伴う口笛演奏をメインとするコンサートだということを彼女は非常に強く打ち出しているし、イベントも実際にそういうスタイルになっています。ＭＭＷで審査員長も務めているりょうすけさんに聞いた話ですが、毎回音響的にベストな席をとりたい審査員たちと、審査員席をできるだけ目立たせたくないキャロルとでバトルになるそうです。

――キャロルさんは川崎の大会でもおっしゃっていましたね。「コンサートとして楽しみましょう、The winners are us all.――勝者は私たち全員だ」って。

武田　勝ち負け関係なく、ということですね。

――口笛のもつ何かがそうさせているのか、とても印象に残りました。

武田　実際にコンテストに出ても、またあの人の演奏が聴けてよかったとか、あの新しい出場者の演奏は度肝を抜かれたとか、みんなそういうところも楽しみにしていますから、ライバルであっても最高の演奏をしてほしい、と少なくともぼくはそう思っています。

――日本の口笛奏者のつながりが非常に強いというのも、規模が小さいこともあるのでしょうが、長年にわたって受け継がれてきた、みんなで楽しもうという口笛哲学のようなものがあるからではないかと思いました。さきほど、分山貴美子さんを紹介されたときに、口笛ブームとおっしゃいましたね。これはいつ頃のことですか？

武田　二〇〇七年にアメリカで開催されたＩＷＣに日本人がたくさん参加して、成人女性部門とティーン部門、チャイルド部門の三部門で日本人が優勝したんです。成人女性部門が分山貴美子さん、ティーン部門が儀間太久実《ぎまたくみ》さん、チャイルド部門が小杉山智早《ちはや》さんですね。

——主催者もびっくりしたでしょうね。

武田 分山さんはその後、日本で初めて口笛でメジャーデビューを果たされました。同じ頃、TBSの「学校へ行こう!」という番組に出演して、3オクターブ吹けると言ったのが儀間太久実さんで、それを見て、ぼくも吹けると思って吹き始めた。

——あ、そこで第二章でうかがった話につながるんですね。

武田 はい。儀間さんがテレビに出ていなかったら、今の私はいなかったかもしれません。

——何が人生を変えるきっかけになるか、本当にわかりませんね。

武田 ここでもう一人、改めてご紹介しておきたいのは長年の友人でありライバルの青柳呂武さんです。

——お名前は存じ上げていますよ。数年前に、東京藝大の学生たちを取材したノンフィクション(*36)が話題になったんですけど、そこに「口笛世界チャンピオン」として青柳さんが登場されていました。

*36 二宮敦人『最後の秘境 東京藝大——天才たちのカオスな日常』新潮文庫、二〇一九年

武田　ＴＢＳの「マツコの知らない世界」とか、テレビにも何度か出演しています。

――本の中で、青柳さんは「口笛をクラシック音楽に取り入れたい」とおっしゃっていたのですが、ＷＷＣのシンポジウムでも、五線譜を示しながらフレーズの作り方を解説されていて、ああ、やっぱり音楽の専門教育を受けた人なんだなあと思いました。ミシマ社の社長が隣に座っていて、彼は楽譜が読めないものだから、せっかく自分も口笛を吹いていいんだと思っていたのに、五線譜が出てきた瞬間、目の前にシャッターが下りた気がした、と言ったので大笑いしてしまいました。どちらの口笛もあっていいと思いますけどね。

武田　お気軽な口笛と、芸術として極める口笛、ですね。青柳さんは技術的にはおそらく、ヒールト・シャトルーと並ぶか、彼を超えるぐらい優れた奏者です。大会に出場する多くの日本人奏者が彼にレッスンを依頼するぐらい、世界的にもトップの技量と音楽性をもった奏者といっていいと思います。

口笛大国を牽引する口笛教室

武田　多くの口笛奏者がいる日本、その背景として忘れてはならないのは、口笛教室が盛んということです。

――これまでご縁がなくて、まったく知りませんでした。調べてみたらうちの近所でも開催されていたので驚きました。

武田　日本にはそもそも趣味に時間とお金を割く土壌があって、口笛を趣味として選ぶ人が一定数いるので、全国各地に口笛教室があるんです。これはほかの国では見られないことです。

――指導者は大会に出場したタイトルホルダーの人たちですか。りょうすけさん、分山貴美子さん、柴田晶子さんも口笛教室を主宰されていますね。

武田　日本で一番たくさん口笛教室をやっているのは、さきほど名前の出た高橋一眞さんです。日本一ということは、ほぼ間違いなく世界一ということです。

――日本口笛奏者連盟会長の高橋一眞さんですね。日本口笛奏者連盟の公式ホームページを拝見しましたが、口笛教室だけでなく、毎月のように口笛のコンサートもなさっている。サザンオールスターズのベース奏者の関口和之さんがリリースされたカバーアルバム（＊37）では、高橋さんと分山さんが口笛で参加されているんですね。またもや、おー、聴いてたじゃないかー、私、と思いました。口笛について調べていると、映画にせよ、ドラマにせよ、テレビコマーシャルや歌謡曲にせよ、自分が幼い頃から知らず知らずのうちに聴いていた口笛がたくさんあることに気づいて、一つひとつ感動しています。

武田　意識に上らないだけで、さまざまな場面で口笛は使われているんですよね。

――このあたりはコラム（間奏③「口笛を吹く日本の作曲家たち」一三六頁参照）に書きましたので読んでいただくとして、口笛教室の話に戻ると、WWCのオープニングコンサートで、分山さんの教え子の方々だと思いますが、子どもたちからお年寄りまでたくさんステージに上がって演奏されていたんです。日本が口笛大国というのは冗談ではないということがよくわかりました。

武田　口笛教室が開催されるようになって、口笛演奏の裾野はとても広がったと思います。一般的な趣味として、口笛という選択肢がある。教室に通って誰でも先生について学べる、という形になったのは、ここ二十年ぐらいのことではないでしょうか。グループレッスンが多いので仲間もできますし、健康にもいい。おすすめの趣味です。

――武田さんは口笛教室をやらないのですか？

武田　教室はやっていないのですが、オンラインで教えることはあります。普通のピアノ教室なんかと同じぐらいの値段です。そもそも日本以外では口笛のレッスンそのものが希少ということもあって、生徒さんのほとんどがアメリカの人です。それもまったく吹けない人が多くて、YouTubeのぼくの教則動画を観て、それでもまだできない、と個人レッスンを希望されるのですが、ちょっとコツを教えるとすぐ音が出るようになって、「うん十年生きてきて初めて音が出た！」と、とても喜ばれます。

——武田さんはYouTubeにたくさん技法・奏法のレッスン動画を英語でアップされていますよね。コメントはほとんど英語かスペイン語です。

武田　ぼくのインスタグラムも、ベネズエラの音楽をやっているからというのもありますが、フォロワーの多くはベネズエラの人たちなので、スペイン語の投稿が多めです。最近、ベネズエラに旅をしたとき、テレビやラジオに出演して一気にベネズエラ人フォロワーが増えたんです。ベネズエラの人たちにも口笛音楽を知ってもらえて嬉しかったですね。向こうにいるあいだに、実はぼくも、私も、という形で口笛奏者仲間も増えて、気づいたらなぜか日本人のぼくがベネズエラの口笛奏者のメッセージグループを作っていました。こ

＊37　『World Hits!? of Southern All Stars』収録の「忘れられた Big Wave～Outro」など。

うやって口笛奏者のネットワークが広がっていくんだなあ、って。

——そこは五か国語を話すペンタリンガルの武田さんだからこそ、ですね。まだまだ口笛の世界は広がりそうで楽しみです。次章はいよいよ実践編、口笛を吹けるようになりましょう！

間奏⑤

口笛以外のウィスリング——指笛、舌笛、手笛、歯笛、パラタル、喉笛

武田

本書では口をすぼめて吹くいわゆる「口笛」、パッカーウィスリング（pucker whistle）を中心に取り上げてきました。しかし、ほかにも「ウィスリング」には様々な種類があります。「指笛」は大きな音が出ることが特徴です。実は音楽も演奏でき、ビブラートやウォーブリングも使えます。指笛音楽の名手としてはイギリスのロニー・ロナルド（一〇六頁）やシーラ・ハロッド（Sheila Harrod）、日本では田村大三《だいぞう》がいます。親指と人差し指の二本を輪にする方法が一般的ですが、一本指や四本指の吹き方もあります。

指を使わずに舌を曲げて指笛と同じ原理で吹く「舌笛」は、口笛言語や指笛言語の一部でも使われています。

「手笛」は両手の間に空洞を作って、二本の親指を吹き口にして吹きます。柔らかく丸みのある音が出ることから、ハンドオカリナやハンドフルートとも呼ばれます。ハンドフルー

ト奏者の森光弘さんはピアノとのデュオ「CHILDHOOD」でメジャーデビューしていて、約3オクターブの音域が出せるそう。

口を横に開いて上下の歯の間から音を出す笛は「歯笛」と呼ばれます。少しノイズの乗った音が特徴的で、椎名林檎の「罪と罰」での使用が有名です。二〇一六年WWCの弾き吹き部門を制したインドのニキル・ラネ（Nikhil Rane）は歯笛奏者で、ニコニコ歯を出して笑っているように見えることから「スマイリング・ウィスラー」という二つ名がついています。

口を大きく開けて上あごと舌の間で吹く「パラタル（パレット）・ウィスリング」という珍しい笛もあります。Palatal（palate）とは口蓋《こうがい》のことです。ウォーブリングが使えるため、ハッキ・タマス（二二八頁）のように技巧的な演奏もできます。

喉を使って音を出す「喉笛」はさらに珍しく、吹ける人を数えるほどしか知りません。

ヒューマンビートボックスではほかにも多くのウィスリングが開発され、アクセント的に使われています。Daichiのサンバホイッスルは聴いたことがある人も多いかもしれません。

ちなみに私はどれだけ練習してもパラタルができません。皆さんはどれができますか？

第六章

さあ、口笛を吹いてみよう

——実践編

音を出してみよう

――最終章になりました。ここからはいよいよ、実際に口笛を吹く方法を教えていただこうと思います（▼21）。ただ、そもそも言葉で説明していただけるものなのでしょうか？

武田　もちろん、言葉で説明できますよ。まずは、ストローで飲み物を飲むときの口をつくってください。

――「ウー」に近いですか。

武田　近いことには近いのですが、そのままではないんです。英語やスペイン語など、外国語だと近い音があるのですが、日本語の「ウ」はちょっと違う。普通に日本語で「ウ」と言うと、口を少し横に開いた「ウ」になってしまうんですね。だから、ぼくが教えるときはストローをくわえて飲むときの口の形をまずはやってもらいます。

――実際にストローを使ってもいいですね。

武田　そうですね。唇を外向きに開くのではなくて、内向きにすぼめるイメージで口の形を作ります(図4)。頬が膨らまないように、「フーッ」と息をそのまま吹き出す。吹き出したときに、手のひらを顔の前に置いてやると、息がどの向きに出ているかわかるので、顔の角度を変えないまま息の角度を斜め下に徐々にもっていきます。そうすると、どこかで音が出やすいポイント、鳴りやすいポイントがあります。

――(口の前に手をかざしながら)「フー、フー、フー」、お、出たかな?

武田 出ましたね。

――出ます、出ます、出ますね。想像していたよりも、息を吹き出す向きはかなり下のほうですね。

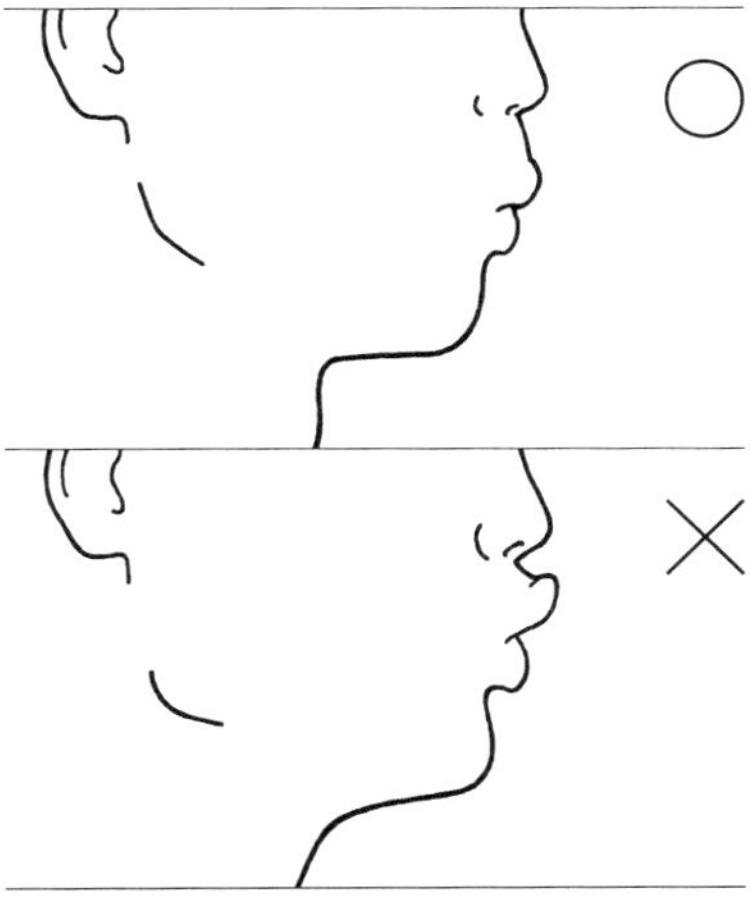

図4 音の出やすい唇のかたち

武田 そうなんです。かなり下なんです。

――上唇をちょっと上にかぶせるようにしたほうがいいでしょうか?

武田 ええ、少しかぶせるような感じです。鏡で口の形を見ながらやってもらうといいのですが、完全な真円は作れませんけれど、穴が平たいよりは丸くなっているほうが音は出やすいです。それと、穴が大きすぎたり、小さすぎたりすると音が出ないので、今のやり方で出ない人はそのあたりを調整してみてほしいなと思います。「フー」で出ない人は、「ヒュー」や「ホー」でやってみると出ることがあるかもしれないです。かすれてしまう人は、角度をしっかり調整してあげると出るでしょう。

――小さい音しか出ませんね。

武田　最初は、クリアな音さえ出れば合格です。いっぱい吹いていているうちに、前にご紹介した森幹男先生のお話（二四九頁）にあったように、大きな音が出やすい喉と口の形がだんだん作れるようになってきます。練習すればするほど上手くなりますよ。

音程を変えよう

武田　音が出たら次にやりたいことは何かというと、音程を変えることです（▼22）。曲を吹くためには音程をつけられるようになりたいですよね。まずは声でやってみてほしいんですけど、口笛の音が出たその口の形のまま、「ウー」と声を出します。次に、「ウー」から

「ユー」になめらかに変えていきます。

――「ウーユー　ウーユー」。

武田　そうです。次に、口笛を吹きながらその口の動きをすると、「ユー」のところで音が高くなるはずです。

――「ウーユーウーユー」、あれ、「ユー」で音が高くなりましたよ。救急車のサイレンみたいです。

武田　いいですね。これを今度は「ウーユー」から「ウーオー」にしてみてください。すると「オー」のところで音が低くなります。

――「ウーオー」、おっと、「オー」で音が低くなりましたよ。

武田　素晴らしい。「ウーユー」と「ウーオー」を使うと、高い音と低い音が出せるようになります。

――口の中で舌が動いているのがわかります。

武田　そうですね。「オー」から「ユー」までを使って、ドレミファソラシドが吹けるように練習をしてみてください。

▶21 特典映像　口笛の吹き方
https://vimeo.com/1045010406/fbed33068d

▶22 特典映像　高い音／低い音
https://vimeo.com/1045011753/9927df00fa

音を区切ってみよう、伸ばしてみよう

武田　次は、音を区切ってみましょう。息を喉で軽く止めて音を区切る方法、グロッタルストップを使います（二七一頁）。小さい「ッ」といえばいいでしょうか、「フー」と吹いていたのを、「フッフッフッ」とする。ちょっと腹筋を使うのですが、練習すると音が区切れるようになります。

――「フッ、フッ、フッ」って、できてますか？

武田　できてます、できてます。吹けてますよ。上手じゃないですか。

――ははは―、褒められて伸びるタイプです。

武田　これだけできれば、たいてい簡単なメロディーが吹けるようになると思います。

――「ちょうちょう」くらいは吹けそうですね。

武田　「ちょうちょう」「かえるの合唱」「キラキラぼし」、こういったところを練習してみるといいかと思います。

――すみません、先生！　だいたいそのあたりまでは自分でもできるんですけど、高くなると音がかすれて出なくなっちゃうんです。安定して高い音を吹けるようになるには、どうすればいいのでしょうか。

武田　「ウー」から「ユー」にもっていくところをたくさん練習するといいと思います。

――「ユー」をやると、すごく息が抜けてしまうんです。かすれてしまって、うまく音にならない。

武田　鏡を見ながらやってもらうといいと思うんですけど、サイショーさん、口の形が途中で変わっちゃってるみたいですね。口の形を意識して、「ウーユーウーユー」を速く、勢いよくやってみると、高い音が出るようになってくるので、その高い音が出た状態を安定させるように伸ばす練習をしてみてください。

――「ウユッウユッウユッ」から、「ウユー」。「ウユッウユッウユッ、ウユー」。

武田　そうです、そうです。できてますね。

――できたー、よかったです。あと、もう一つすごく大きな問題があって、息がなかなか続かないのですがどうしたらいいのでしょうか。

武田　それは肺活量と腹筋の問題ですね。

――長く吹き続けられなくて、どうしても途中で息継ぎしちゃうんです。

武田　腹式呼吸ができるといいと思います。たっぷり息を使えると思うんですけども。

――おそらく、そのあたりが吹奏楽の経験がある人が強いところなんだろうなと思うんですよ。たとえば、「上を向いて歩こう」を吹こうとしても、ある音をしっかり出さないといけないと思うと、本当は伸ばさないといけないところで、もう一度息を吸っちゃう感じなんです。

武田　人間って寝るときは必ず腹式呼吸になりますので、寝転がって仰向けで練習してみるといいかもしれないですね。

――なるほどー、それだとすぐにできそうですね。

武田　あと、イメージの問題もあると思います。坂本九さんの歌を聴きながら一緒にやるとか、聴いたすぐあとにやると意外とできるかもしれないですよ。イメージってすごい大事なんです。今、私がやってみますね（「上を向いて歩こう」の最初の一節を吹く）。はい、どうぞ。

――（同じフレーズを吹く）。

武田　ほら、音はちょっとかすれていますけど、不自然に一音一音途切れるというのはなくなりましたよね。

――ほんとですね。

息継ぎの問題

――さきほどの「上を向いて歩こう」は、どこで息継ぎしましたか。ひと息で吹きましたか？

武田 「上を向いて」、で一回吸って、「歩こう」ですね。うたうときとだいたい同じです。

――息継ぎをどこでするかは、まずは歌ってみればいいということなのですね。

武田 メロディーや歌詞の自然な区切りの箇所で息継ぎができると、一番よいですね。

――息継ぎをするのは、口と鼻のどちらがいいでしょう。鼻で吸うのか、口で吸うのか。

武田 それはどちらでもいいですよ。ただ、あまりうるさくならないほうがいいです。そもそも口笛の音量が小さいので、息継ぎの音が大きく聴こえてしまうことがあるんです。息継ぎをいかに静かにするかも、練習に取り入れるとよいかもしれません。

――そういえば、わくわく口笛コンサートを拝見したとき、おそらく初出場の方だと思いますけど、息継ぎの音が大きすぎて、私が聴いていても気の毒なほどだったんです。そもそも息継ぎを静かにやる練習も必要なんですね。

武田　そうです。たとえば、(ふうっと飲み込むように吸って、吹く)。今、まったく無音で息を吸って、音を出しました。息を吸う、というより、食べる感じです。

――なるほど、食べるイメージですね。すごくよくわかりました。

武田　食べるように吸うと、息継ぎの音は無くなりますね。

――おもしろいですね。息を吸うというより、空気を食べる。だとすると、吸うのは口のほうがいいのかな?

武田　口か鼻かは人によりますね。

――自分でやりやすいのが一番ですね。私の場合、吹いていると、なんだか、鼻の穴が大きくなる感じがするので、「鼻」タイプなのかなぁ。余談ですが、むかし、鼻中隔湾曲症で鼻づまりがひどくて、左右の穴を分ける軟骨を切除したので、以前よりも鼻の中に空気が取り込める感じがするんです。むちゃくちゃ痛い手術だったんですけど、こんなことが今になって役立つとは、手術しておいてよかったー。気のせいかもしれませんけど。

図5　マイクの持ち方

マイクの持ち方

――そういえば、さっきお話しした息継ぎの音が大きかった方のことですが、ベテラン奏者の方が、せっかく口笛が上手なのにもったいないからといって、マイクの持ち方をアドバイスしていたんです。人によるのでしょうが、斜め下に少し離して持つのがいいのかな。マイクの持ち方はどうしたらよいのでしょう。

武田　不要なノイズが乗らないように、マイクの構え方はとても大事ですね。音が出るときは息が斜め下向きに出ているという話をしましたよね。ですから、正面の斜め下はマイクを持つときに一番避けたい場所になります。「吹かれ」といって、息がマイクにぶつかる音が乗ってしまいます。ですから、まず大事なことは正面ではなく少し横から斜めにマイクを当てることです。そして、マイクの先、中心がちょうど口先を向く角度で持ちます（図5）。そうすると、口笛の音はしっかり拾いつつ、息の音は拾いにくくなります。

――「吹かれ」なんて言葉があるのですね。初めて聞きました。

武田　ときどきプロの歌手の方にも口笛の息のノイズについて相談されることがあって、そのときにも同じ話をします。ラジオの収録などで使われている「吹かれ」に強いマイクというのもあるようですから、そういったマイクを探してみるのも良いかもしれませんし、ポップガード（マイクの手前に設置する丸いネット）やウィンドスクリーン（マイクにかぶせるスポンジ状の風防）を使うのも効果的です。

ビブラートをかけてみよう

――口笛の吹き方で次に知っておきたいこととなると、あとはもうテクニックになりそうですね。

武田　ビブラートができると楽しいですよね。

――わあ、それは楽しいです。

武田　ビブラートは、基本的にはメロディーの中で長い音、伸ばす音にかけます。伸ばしている基準音に対して、同じ幅で音程や音量の変化を繰り返し乗せると、音が波のように揺れて聴こえる、これがビブラートです。

――具体的にどうすればいいのでしょうか？

武田　音程のビブラートは、さきほどの音程変化の「ウーユーウーユー」になるんですけど、これを小刻みに「ウユウユウユウユ」ってやってみてください。

――「ウユウユウユ……」。舌が激しく動く感じがします。

武田　「ウオウオウオ」でもいいです。「ウユウユ」だと基準音に対して高い音のビブラート、「ウオウオ」だと低い音のビブラートになります。

――「ウオウオウオウオ」、こちらも角度は違いますが、舌が動き回っています。

武田　さすがサイショーさん、筋がいいですね。とにかく、同じ幅で、小刻みに、繰り返し動くことがコツです。「ウユウユ」だと動きが大きすぎると感じる方は、「ウエウエ」にしてみると動きが小さくなって、より自然に聴こえるかもしれません。

――「ウエウエウエウエ」。ほんとだ、「ウユ」よりも近い高さの音で揺れている感じがしますよ。

武田　もう一つ、音程ではなく音量の変化でかけるビブラートは、腹筋を使って、「フーウーウー」とやります。

――「フーウーウー」、あれー、首が一緒に揺れちゃいますね。むずかしいです。

武田　まず口で、「フーウーウーウー、フーウーウーウー」と言ってみる。口の動きをつかむために、まず仮名で、声に出して言ってみるのが大事だと思います。これが第四章（一四四頁）で出てきた、話すときのフォルマントと同じだという話につながってきます。

――口の中の共鳴音の高さは、私たちがふだん話すときの声の母音を決定する「フォルマント」という周波数の並びと一致するということでしたね。話がつながりました。

楽しく吹くために大事な体のこと

――武田さんご自身の体験も交えながら、口笛奏者になるための最初の一歩をうかがいたいのですが、口笛はやっぱり自分の体が基本ですよね。たとえば、腹筋を鍛えないといけないのかなとか、呼吸法も練習しないといけないのかなとか、いろいろ気になっている方もいると思うのですけど、いかがですか？

武田　まず最初に、口笛奏者になるというよりは、楽しく口笛が吹けるようになっていただきたいなと思うんです。元も子もない話をすると、口笛が好きでやっている人のほとんどは、腹筋トレーニングとか呼吸のトレーニングはしていないと思います。

——そうなんですか？

武田　なぜかというと、好きでいっぱい吹いているうちに、自然とついてくるからです。私も全然運動はしないんですけど、舌とほっぺとお腹だけ筋肉がついています。

——へー、そもそも筋肉がつく場所とは知りませんでした。すごいですね。

武田　もちろんトレーニングをやるに越したことはないと思いますが、とにかく好きで楽しく毎日たくさん吹くということが、一番のトレーニングになるのかなという気がします。筋肉を使うことは、スポーツでも楽器でも毎日やったほうがいい。

——そういえば、口笛の練習をしているうちに、フルートが上手になっていたとおっしゃっていましたね。

武田　体の使い方や呼吸の仕方、息の絞り方といったことがたぶん自然と身についていったんだと思います。

――好きこそものの上手なれ、なんですね。

武田　そうですね。ただ、楽しく口笛を吹くために大事なこととして、やっぱり口腔環境はきれいにしておきたいですよね。歯はちゃんときれいにそろっている状態のほうがいいのかなとは思います。たまに歯が一本抜けていて、その隙間からいい音が出るっていう人もいるんですけど。

――ははは一。歯並びは影響しますか？

武田　歯並びは基本的に影響しないはずですが、隙間があると息の使い方が変わってくるかもしれないですね。あとは唇まわりです。保湿をちゃんとしてあげるとか、口内炎ができないように、ストレスのたまらない生活をするとか、寝不足にならないようにするとか、そういったことですかね。

――口内炎はつらいですね。食べものも影響するような気がしますが、どうですか？

武田　本番前は、人によっては辛いものは食べないようにしている人もいますね。

――刺激物を食べない。

武田　はい。でもふだんからいっぱい吹いている人は、そんなことはおそらく影響はないと思うんですよ。ただ、本番って口が乾いちゃうんです。緊張もありますし、ステージの照明や空調で乾いてしまうことがあるので、そこをどうするかは常に大きな問題です。水をちゃんと飲むのは一つの対策ではありますが、それ以外に、唾液が出やすいように酸っぱいものを直前に食べることもあります。オランダのヒールト・シャトルーは、ステージに立つ前にレモンを一口、口に含んでから出ると言ってました。そうすると口が乾きにくくなると。

——酸っぱいと唾液が出ますからね。武田さんは何かなさってますか？

武田　生のレモンってなかなかパッと手に入らないので、レモン水をペットボトルに入れて持ち歩くことはありますね。

——リップクリームはどうですか。塗ったほうがいいですか？

武田　塗ったまま演奏するかどうかは、プロでも意見が分かれます。演奏の直前に塗る人もいますし、塗ると唇の表面がふだんと変わってしまって音が出にくくなるから演奏のときは塗らない、という人もいます。ただ、唇が荒れないようにふだんからのケアは大事ですね。

――どんなリップクリームを使えばいいのでしょう?

武田　自分に合ったものを選ぶ必要はあると思いますけど、いろいろ試してみて、これが一番しっくりくるなというものを使えばいいと思います。とくに秋から冬にかけて唇は乾燥しますからね。割れてからだと遅いので、乾燥してきたと思ったら使うようにします。

――これまでに、唇が割れた状態で演奏に臨むことはありましたか?

武田　ありましたよ。多少痛くても、乗り切るしかないです。唇が荒れてると、ガサガサですから、音が出てくる穴がきれいな円ではなくなるんです。そうすると、ちょっとノイズが乗ったような音になってしまうことはありますね。

――体調面で気をつけていることはありますか?

武田　実はぼく、なぜか本番前に風邪をひきやすいんです。いつも本番一週間前とか二週間前に風邪をひいて、あわててお医者さんに行っていろいろ処方してもらって無理やり治そうとするんですけど、風邪はかからないに越したことはないですね。鼻が詰まっていると息継ぎもむずかしいですし、演奏中に咳が出そうになると大変です。免疫力をつけておくしかないですね。

――花粉症はいかがですか。これは防ごうと思っても防げないことだと思うんですけど。

武田　今はどんどんいい薬が出てきているみたいですが、気をつけていないといけませんね。ぼくは幸いにも花粉症になったことはないのですが。

――こればかりは突然発症することがありますからね。

武田　気をつけたところでどうにかなるのかという気はしますが。

――みなさん条件は同じですから、花粉症になりやすい季節にコンテストやコンサートをやらないことですかね。

武田　なるほど、それは盲点でした。

――さきほど舌の筋肉の話がありましたが、武田さんは睡眠時無呼吸症候群に近い状態だとおっしゃっていましたね。

武田　たぶん舌が大きすぎるせいだと思いますけど、上を向いて寝ると、舌が喉に詰まって咳をして起きることがあるんです。でもほかにそういう人を聞いたことがないので、ぼくだけかもしれない。職業病だなんて言って笑っていますけど。

――舌が大きいというのは、練習のしすぎが原因ですか？

武田　長さは生まれつきだと思うんですが、使っていると筋肉はついてくると思います。

――舌って鍛えられるんですね。森幹男先生じゃないですけど、ＣＴで撮影して比較してほしいですね。

武田　口笛奏者の舌の筋肉がほかの人よりモリモリかどうかってことですよね。そんな研究にお金を出してくれるところはなかなかなさそうです。

――ははは、確かにそうですね。舌を鍛える職業ってほかにあるかな？

武田　管楽器をやっている人たちは、タンギングを速くしないといけないので。

――あ、そうだ。タンギングだ。

武田　鍛えられると思いますよ。

――管楽器経験者にぜひうかがってみたいなあ。

武田　睡眠の話でいえばもうひとつ、ティーンの部門だったときに、大学のレポートの締め切りの翌日が大会の出番で、夜中レポートを書いてから出ようと思ってエナジードリンクを飲んで、そのまま寝落ちしてしまったということがあるんです。

――エナジードリンクって、ギンギンに元気になるんじゃないんですか。

武田　そのはずが、そのままバタンキューしてしまって、朝起きて、大変だ、出してないって。大会の会場が大学だったので、図書館に駆け込んで、レポートをガリガリ本番直前まで書いて、楽屋でも書いて、ステージで演奏して、出番が終わったら戻ってまた楽屋で書いて、みたいなことをしたことがありますけど、コンディションが悪くて演奏はボロボロでしたね。照準を定めたら、そこに向けていろんなものを最高にもっていかないといけません。

――それは音楽以外のこととも共通するお話ですね。気候はどうでしょう？　今のところ、世界大会は温暖な国で開催されているようですが。

武田　暖かくて湿度が高めのところは、口が乾燥しなくていいかもしれませんね。逆に寒いところは嫌ですよね。

――屋内と屋外の違いはどうですか？

武田　風がビュービュー吹いていると、どうしてもマイクに雑音が乗ります。口笛は空気の流れを扱う楽器なので、音が出にくくなることはあると思います。でも、アメリカの最初の頃の大会はフェスティバルの中で開催されていたんですよね。屋外ですから、風がすごく強くて大変な回があったという話を聞いたことがあります。

――できれば屋内のほうがいいですね。

武田　屋内でも、エアコンが効きすぎてすごく乾燥している状態はあまりよくはないですね。屋内プールでコンサートをやったら、湿度が高くて音響もよさそうかな。なんちゃって。

リズムに乗ろう

――口笛に限った話ではないのですが、演奏をするときの切実な問題として、リズム感がありますね。大会やコンサートにうかがって感じたのですが、どんなに口笛が素晴らしくても、リズムに乗れていないと、聴いていてガクッとしちゃう。ただ、子どもならともかく、そもそも大人になってからリズム感を身につけられるものなのかどうか。

武田　とにかくいろんな音楽をたくさん聴いて、手でも足でもなんでもいいので、リズムをとる練習をすることじゃないですかね。ぼくはダンスが好きで、音楽を体で感じて、体を動かすということをやってきているので、そこは自分のリズム感に影響しているかもしれません。

――一般化はできませんが、日本人はそこがちょっと苦手かもしれませんね。たとえば、手拍子を打ってみるところから始めたらいいのかな？

武田　机や自分のひざを指で叩いてみるのもいいと思います。最初は表拍で叩いて、次は裏拍で叩いてみるとか。とくに日本人は裏乗りが苦手だといわれているので、わざと裏拍を練習してみるといいかもしれませんね。ジャズミュージシャンにクラシック音楽を弾かせてみるとノリがジャズになる、なんて話もありますし、ジャンルによってフィーリングも大きく変わってきますから、ポップス、ロック、クラシック、ジャズ、民族音楽、いろんな音楽でリズムを感じてみるといいかもしれません。

——たくさんいろんな曲を聴いて知ることですね。ただ子どもの頃からフォークや歌謡曲の弾き語りが好きだった私みたいな人が、いきなりアップテンポのジャズを口笛で吹くのはむずかしいでしょうから、そもそも自分に合った曲を選ぶことが大切ですね。

曲を選んでみよう

——口笛で何を吹くのか。今ちょうど選曲の話が出たところでうかがいたいのですが、曲選びのコツってありますか。好きな曲を選べばいいとは思うのですが。

武田 いろんなケースがあるでしょうが、まず人前で吹く場合の選曲は、自分の技術レベルの範囲に収まる曲をちゃんと選んであげることですね。音程が高すぎて出ない、低すぎて出ない、速すぎて吹けない、息継ぎの場所がない、といったものは避けて、安定して吹ける曲を選ぶのが重要だと思います。その代わりぼくの場合は、練習をするときには自分の今のレベルより少し上、吹けない箇所がある曲をあえて選んで、それが吹けるように練習するというアプローチをとっています。そうすることによって自分の技術が上がっていくので。

――第四章で、金管や木管など管楽器の曲を選ぶと、口笛では低音が出せないことが多いとおっしゃっていましたね（一六六頁）。だから、歌の曲がいいんだと。

武田　始めるには、やっぱり歌の曲がいいですね。自分で楽に歌える曲を口笛で吹くといいと思います。

――自分が乗り切れないリズミカルなものも、避けたほうがいいのかも。まず自分が歌える曲を吹くということですね。武田さんご自身はいかがですか？　歌の曲をよく吹きますか？

武田　ぼくはあまり歌の曲は吹かないんですよ。口笛を始めたときからそうなのですが、男子の性《さが》といいますか、あえてむずかしい曲を探して練習していましたね。ジャズに限らず、クラシックにしても、オペラの曲より器楽の曲をやりたい。どうしても技巧に走ってしまうのは、性格だと思うんですけど。

――武田さんが優勝した口笛世界大会で私が感じたのは、やはりそのあたりですね。これはちょっと口笛では吹けないよというような難曲を武田さんはあえて選んでるなと思ったんです。そこはやはりご自身がほかの奏者と違う力を発揮できるところなのですね。

武田　自分の差別化ポイントは技巧かなと思っているので、大会ではそういう曲を選ぶことが多いですね。逆に、技巧を使わないでもちゃんと上に行けるのかどうか、技巧でないところ、音楽的な表現の部分もしっかり練習しないといけないと思って、腕試しで技巧的ではない曲を選んだ年もありました。

――その結果はどうでしたか？

武田　そういう曲を予選にもってきたんですけど、無事に上位で通過できたので自信になりました。

――今回、弾き吹き部門で、とても有名なドヴォルザークの「ユーモレスク」を吹いていましたね（▼23）。こういう曲も演奏されるんだなと思って、ち

▶23

ドヴォルザーク：ユーモレスク 第7番（武田裕熙）
https://www.youtube.com/watch?v=pUbFNGKSXnI

ょっとびっくりしました。

武田　伴奏楽器でベネズエラのクアトロという四弦のギターのような民俗楽器を使ったのですが、クアトロで伴奏を弾けるクラシック曲がないかとネットでコード譜を探したら、「ユーモレスク」とエリック・サティの「ジムノペディ」しかなかった。じゃあ「ユーモレスク」かなと思ったんです。

――なるほど、そうやって曲を選ぶのですね。一方、予選の音源審査のときはとても難解な、前衛的な曲を選んでいましたね。

武田　オランダのディック・カッテンビュルフ（Dick Kattenburg, 1919-1944）の「フルートとピアノのための小品」です。ユダヤ人としてナチスの迫害を受けて、二十四歳のときにアウシュビッツで亡くなった作曲家です。

――ホロコーストによって失われた才能が、口笛によって世界に紹介されたことには大きな意味がありますね。なぜこの曲を選んだのですか?

武田　もともと口笛で吹けるクラシックの器楽曲をコンテストやコンサートのためにずっと探していて、なかなかいい曲が見つからないなと思っていたときに、たまたまオランダの作曲家の曲ばかり集めたYouTubeチャンネルを聴いている中で、あ、この曲いいなと思ったんです。

――パッと聴いただけでは、とても口笛では吹けそうにない曲で、それこそ、超絶技巧という印象です。

武田　もともとフルートの曲で、なかなかむずかしい曲だったと思います。

――いつ頃から練習していたのですか？

武田　曲を見つけたのは、二〇一五年頃だったかな。それからやりたいなと思っていて、二〇一六年にクラシックのリサイタルをやったときに披露しています。アンケートでも評判がよかった曲で、またやろうと思いました。

――武田さんのようなプロになると、曲選びは今うかがったような非常にレベルの高いものになって、口笛はやはり楽器なんだなあと感じるのですが、一般の人であればあまり背伸びし過ぎず、自分の好きな曲、できるだけ歌で好きな曲を選ぶのがよさそうですね。

武田　口笛の有名な曲を一緒に吹くのも楽しいんじゃないかな。「上を向いて歩こう」とか、「ストレンジャー」とか。みんなが知っている曲でかつ、すごく心に訴えかけるような曲というのは、やっぱり人前でやるにはいいような気がします。

――選曲の大切さは、わくわく口笛コンサートのときにも感じましたし、曲そのものが感動的な場合は、少しぐらい口笛が下手でも胸を打たれるんですね。自分が口笛に感動しているのか、曲に感動しているのか、ちょっと戸惑ってしまいました。一緒に聴いていた編集者は、いい曲なんだけどだんだん上手なカラオケみたいに聴こえてきたと言ってました。コンテストだから順位が決まるわけですが、何を目指すかは曲選びでかなり変わってくるのかもしれません。

武田　そこは表現の問題じゃないかな。たとえば同じJ-POPのヒット曲のインスト版でも、天才バイオリニストが弾くのと、スーパーのBGMの打ち込み音源では、全然受ける印象が違いますよね。歌詞を取り去って、メロディーという純粋なものにしたとき、それをいかに聴ける演奏、聴きたい演奏にするか。それは表現力によるところがものすごく大きくて、曲選びの問題とは言い切れない気がするんです。

――表現力、ですか……。

武田　ええ。もともと歌のために書かれた曲を吹くことと、もともと楽器のために書かれた曲を吹くこととの違いはそこで、歌の曲はより表現力を問われると思います。楽器のために書かれた曲は歌詞がないことが前提なので、メロディー自体がそれだけで聴いていて飽きないように作られているんですよ。それに対して歌の曲は、歌詞を楽しむために書かれているので、メロディーだけになったときに、もちろん素晴らしい曲もありますが、物足りなくなってしまう曲もある。その物足りなさをどう補うか、というのが課題だと思うんです。そこを音楽的におもしろくするだけの力がある人もいれば、そうでない人もいるということだと思います。

――なるほどー、よくわかりました。

武田 だいたい、歌の曲って一番、二番、三番ってリピートしますよね。歌なら歌詞が変わるけれど、インストゥルメンタルだと聴いている側は同じメロディーを三回聴かされることになるので、飽きてしまう。だから一番と二番でアレンジを変えたり、表現に変化をつけたりしないといけなくて、コンテストでは冗長性といってそこも審査の対象に入っているんですよ。

――へえ、アレンジもチェックしていたのですね。

武田 「情熱大陸」のテーマのように、もともと楽器のために書かれた曲というのは、メロディーだけでも楽しめるように作られている。歌はやっぱり歌詞があって完成するものになっている。なので、歌の曲を選ぶときには、いかにお客さんを飽きさせないかを考えないといけない。たとえば、さだまさしの曲だと、「北の国から」のオープニング曲なら飽きませんよ。「あーあー、あああああーあー」で完成するように作られているから。でも、「関白宣言」を口笛でやるなんて言われたときには、さすがに繰り返しばかりで飽きますよね。

――わあー、勘弁してください。

楽器はできたほうがいいか

――武田さんは「弾き吹き」といって、楽器を演奏しながら口笛を吹く部門の世界チャンピオンですが、やはり楽器は弾けたほうがいいでしょうか。ギターやピアノ、カリンバや太鼓など、世界大会ではいろんな楽器を演奏しながら口笛を吹く方がいましたね。

武田　楽器ができなくても、口笛がとても上手な人はたくさんいると思いますが、口笛だけやっていると、どうしても音楽理論や音楽の表現に関する知識が身につきにくい。ほかの楽器であれば、練習方法とか表現のつけ方が確立されていますし、レッスンに通ったり教本を読んだりして上達していくうちに、そういった知識も自然と身につけられると思うんですね。なので、口笛が上手い人はほかの楽器もやっていることが多いように思います。

――楽譜も読めますしね。

武田　そうですね。音楽をちゃんとやってきたことによる知識の蓄積は口笛にも活かされると思います。

――楽器ができないから口笛を吹こうと思う方もたくさんいると思いますので、子どもたちなどはとくに、学校でリコーダーを上手く吹けなくても、あなた自身が楽器なんだよということが伝わるといいなと思いますね。世界大会のシンポジウムのときに、分山貴美子さんがそういう話をされていて、やっぱり口笛奏者のみなさんは、裾野を広げるためにも、そこを一番大切だと考えているのかなと思いました。

武田　もちろん身一つでできるというのが口笛のいいところで、楽しく吹く分にはほかの楽器をやっている必要はないと思います。ただ世界チャンピオンともなると、何かしらの音楽的バックグラウンドのある人が多いですね。クラシックであれ、吹奏楽であれ、ジャズであれ。

どこで吹くのか

――もう一つ大事なことがあって、どこで口笛を吹けばいいか。日本はとくにお隣さんと接している家が多いので、うっかり大きな音で口笛を吹いたらご迷惑になりますよね。「どこで練習するのか問題」ってありそうです。

武田　アパートで口笛を吹いていたら、隣から壁をドンドン叩かれたことがあったという話を聞いたことがありますよ。人によっては耳障りだと思う方もいるし、第一章でも話題になりましたけど、夜の口笛は嫌がられると思います。そういったことをいろいろ気遣うと、よくあるのは車の中とか、公園や河原ですね。よくサックスとかトランペットを練習している人がいますよね。あとは、カラオケルームかな。

――カラオケルームはよさそうです。日中は利用料が安くなっている店が多いですし。

武田　人前で演奏しようと思うと、マイクの使い方の練習は必要になってきますし、エコーがかかって気持ちがいいと思いますよ。

――武田さんの YouTube の動画を拝見していると、家で演奏しているものが多いように見えますけど。

武田　海外に住んでいたときは、日本ほど音に関してとやかく言われないので普通に吹いていましたし、日本では音楽ＯＫの賃貸物件を探しました。東京だとなかなかありませんけど。

――楽器を弾くとなると切実ですよね。防音室がある家なんてなかなかないでしょうし。

武田　最近はＤＩＹで防音室を施工するためのグッズも増えてきているので、そういったものを使うのもいいと思いますね。

――口笛を吹くことで嫌な思いをする人が一人でもいたら、それは口笛の世界にとって大きな損失になるので、嫌がる人がいる状況は避けたいとおっしゃっていましたね。

武田　そうですね。できるだけ人の迷惑にならないように心がけています。

大会やコンサートに参加してみよう

――多くの人の前で披露したいと思ったとき、とっても素晴らしいことに、口笛の世界には一般の方も参加できる大会やコンサートがありますよね。ホームページの募集要項を見ると、予選段階では誰でも応募できそうです。

武田 まずはやってみるといいですね。そもそも自分の口笛を録音したことがある人ってすごく少ないと思うんです。客観的に聴くためにも、スマホでいいので録音をしてみる。動画で撮ってもいいんですよ。自分の口笛を録ってみて、それを聴いてみるところから始めるのがいいんじゃないかな。

――武田さんがそれを最初にしたのはいつ頃でしたか？

武田 高校一年のときですね。ニコニコ動画にアップロードするところから始めました。

――そうでした、武田さんはニコ動出身でしたね。動画を撮影して自分で観るぶんにはいいですけど、人に観てもらうのってすごくハードルが高いと思うのですが。

武田　大会やコンサートに出てみようと思うということは、自分がある程度上手いと思っているということだと思うので、それを人に聴いてもらう、評価してもらうというのは、最初のステップとして大事なんじゃないでしょうか。

――家族やお友だちから始めて、少しずつ広げていく。

武田　あとは大会やイベントについて調べることですね。審査のない、純粋に口笛を楽しむためのイベントもありますので。朝から晩まで口笛みたいなイベントが日本では少なくとも、コンクールのほかに二つあります。一つが、サイショーさんも行かれた大阪の「わくわく口笛コンサート」。もう一つが、東京の「パカラマ！」です。「パカラマ！」はもともと、シルク・ドゥ・ソレイユの「コルテオ」の口笛奏者だったロバート・ステモンズが創設してアメリカで開催していたのですが、しばらく途絶えていたところ、WWCの主催者でもあるりょうすけさん・クリスさん夫妻が受け継いで二〇一〇年から開催しています。

――「パカラマ！」の日本開催にあたってロバート・ステモンズさんが寄せられた祝辞（＊38）

＊38　くちぶえフェスタ「パカラマ！」in Japan 公式サイト (https://puckerama.org/wp/)

に、「誰がベストか」ではなく、「何がベストか」を追い求めて、「The Art of Whistling（芸術としての口笛）」にフォーカスしているところに意味があるとありましたね。この本でもたびたび話題にしましたが、口笛の世界に共通する考え方がここにもあると感じました。

武田　こういったイベントを探して出場してみるといろんな人の口笛を聴けるので、その中に自分の口笛を置いて比較できますし、友だちがたくさんできるので、モチベーションにもなる。一人でやっているとやっぱり寂しいので、仲間がいたほうが楽しいですよね。

――予選は録音したものを送る音源応募が多いのですか？

武田　そうですね、音源で応募するものが多いと思います。

――まずはそこを通過して、いざ舞台でちゃんと審査を受けることになりました、あるいはお客さんの前で吹くことになったとします。そうなったときに何をすればいいですか。

武田　まず曲を選んで、伴奏を用意する必要があります。生伴奏ＯＫな場であれば、たとえば知り合いのピアノやギターが弾ける人に頼む。生伴奏ではなく録音した音源でやってくださいということであれば、市販のカラオケ音源を使うとか、楽器が弾ける人に頼んで録音してもらう。歌のカラオケに限らず、クラシック音楽の伴奏もネットで買えたりするんですよ。

――へえ、それは知らなかったです。

武田 公の場所で利用する場合は、規約をちゃんと確認してくださいね。

――曲を選ぶ、伴奏を用意する。さて、いよいよ観客の前に立つわけですが、それまで一人でやっていたときとは違うものがあるとすれば、何でしょうか？

武田 服を選ばないといけないんですよね。

――そうだ、服でした！

武田 準備していないと、当日になってあわてることになるので、あらかじめ一着は表に出られる服を用意しておくのがいいかもしれないですね。シャツにチノパンでもいいんですけど、きれいな服と、靴を一足、用意しておくのがいいですね。

――足元は客席からよく見えるので、靴はとても大切ですね。

緊張をどう和らげるか

――いざ人前に立つとなると、やはり緊張感はずいぶん違いますよね。

武田　とにかく、できるだけ本番までに誰かの前で練習する。家族でも、友人でも、それこそ公園でもいいですけど、人前で練習することで緊張が少しは和らぐんじゃないかな。最初はすごく緊張すると思います。緊張すると何が起きるかというと、震えるんですよ。震えて音が出なくなる。口も乾きます。音が出なくなるともっと緊張します。緊張するので演奏がボロボロになります。実力の半分以下しか出なかった、ということも本当によくあります。一度はそこを乗り越えないといけないんですよね。

——武田さんご自身はそういう経験はありましたか？

武田　初めて人前で吹いたときはもうブルブルでしたよ。二〇〇九年のわくわく口笛コンサートのときですね。

——最初は誰でもそうなりますよね。やはり早くから始めて舞台慣れしたほうがいいのでしょうか。バイオリンの話ですが、幼い頃から始めることにいろいろ批判はあるかもしれないけれど、早くからやってきたからこそ、今最高の舞台を演出できるということを著名なバイオリニストが言っていたことを思い出します。武田さんも十代からずっとやってきたからこそ、本番に一〇〇パーセント近い力を発揮できるのではありませんか。年をとってから始めても、なかなか上達しないんじゃないかという不安があるのですが。

武田　いや、そうでもないと思いますよ。口笛に限った話ではありませんが、どれだけ時間を割けるかにかかっていると思います。子どもって時間がいっぱいあるんですよ。大人になってから自由な時間をつくるのってすごくむずかしい。もちろん小さい頃から始めた方が身体感覚的に身につくというのはあると思うんですけど、大人になると家庭をもったり、仕事があったりして、何より時間をとれない。時間さえとれれば、いくらでも上手くなる。何歳から始めてもいいと思います。今回の世界大会で成人部門に出場していた年配の方で、月に二回、プロについてレッスンを受けていた方がいました。ぼくが初めてその方の演奏を聴いたのは二〇一八年で、二〇二二年の大会は二次予選で落ちてしまったんですが、それでもすごく上達していてびっくりした記憶があります。そして今回、二〇二四年は本選まで残られて、とくに予選の演奏は本当に感動しました。そういうこともありますので、いつから始めても、本人のやる気と、あとは環境次第なんじゃないかなという気がします。

——バイオリンと口笛ではやはり違いますか。

武田　楽器として違うというより、戦っている世界が違うんだと思います。口笛はまだ人口が非常に少ないですから。

――シニアの方でも今から始められるというのは素敵です。第五章で紹介していただきましたが、近くの口笛教室を探してみるのもいいですね。オンラインレッスンもありますし。

これから口笛を吹くみなさんへ

――最後に、武田さんから読者のみなさんにメッセージをいただけますか。

武田 ここまで口笛に興味をもって読み進めていただいてありがとうございます。口笛ってたぶん少なく見積もっても、世界中の三分の一くらいの人が死ぬまでに吹けるようになると思うんですよ。それだけの人数がいるにもかかわらず、あまり発展してこなかったし、深く掘られてこなかった。あまりにもありきたりだからこそ見失われていた口笛の可能性を感じとっていただけたなら嬉しいです。

――口笛言語のように失われていく口笛もあるわけですからね。口笛のネットワークがもっと世界中に広がるといいですね。

武田 手順を踏んでやれば誰でもできるようになる楽器なので、ぜひ、趣味として。趣味でなくても、暇つぶしとしてみなさんに楽しんでいただければと思います。そして、世界のトップレベルの口笛演奏をぜひたくさん聴いてみていただきたい。世界は思ったより口笛にあふれています。テレビのＣＭであったり、自転車に乗っている小学生であったり、そんな口笛の音にも耳を澄ましてみてください。

――口笛を気にし始めたら、どこにいても口笛が気になってしょうがない。テレビや映画を観ていても、街を歩いていても、あ、口笛だーって気がつく。それってちょっと楽しいことですよね。

武田　そう。世界の聴こえ方が、少しだけ変わるかもしれません。

おわりに

国籍、人種、性別、年齢、宗教、政治信条、性的指向――。一切の違いを超えてつながる口笛吹きのコミュニティには、不思議な居心地の良さと一体感があります。「口笛音楽をやっている」というだけで、まるで魔法のように、古くからの友人のように仲良くなれるのです。そして、想像をはるかに超えて広がる口笛音楽の世界。そんな素晴らしい世界を、口笛を吹くのが好きな人はもちろん、みんなに知ってほしい。そんな思いで、これまで演奏や情報発信、コミュニティづくりをしてきました。この本もその一環です。

私はもともと口下手で、人とのコミュニケーションがうまくいかなくて悩んでしまうことがよくあります。でも、だからこそ人とつながれるのが嬉しいし、たくさんの友だちをつくりたい、仲間の輪を広げたい、という気持ちを強く持っています。言語と音楽、中でもとくに口笛は、そんな私を世界中の人とつなげてくれる大切なツールです。口笛があったから今の自分がいる。そんな口笛への恩返しの気持ちも込めて、この本づくりに取り組みました。

この本は、口笛というテーマで網羅的に書かれた初めての本かもしれません。しかも最初に最相さんにお声がけいただいた際に、勢い余って「口笛については多分自分が世界で一番詳しい」なんて嘯いてしまったものだから、責任重大です。書くために調べて新たに知ったことの多いこと！　インターネットで世界中の古い書物や新聞記事が読めること、機械翻訳の精度の向上、YouTubeに一八〇〇年代からの数々の音源がアップロードされていたことは、本書の執筆にあたって非常に大きな助けとなりました。二十年前だったら不可能だったでしょう。何を書いて何を書かないか。悩んだ結果、最相さんと編集者の野﨑さんに無理を言ってほとんどすべて盛り込ませてもらいました。それでも拾いきれていない情報が山ほどあるに違いありません。もしこの本に載っていない口笛情報をご存じの方がいたらぜひ教えてください。

もちろん、知っていても書ききれなかったこともたくさんあります。名前を載せられなかった口笛の名手たち、口笛が登場する現代の超有名曲、QRコードを載せられなかった素晴らしい録音の数々……。悔しいですが、これはもうみなさんに探していただくしかありません。

本書の執筆にあたっては多くの方々のご助力をいただきました。口笛太郎さん、りょうすけさん、福井大学の森幹男先生、青柳呂武さん、儀間太久実さん、鈴木潤さん、土橋譲さん、進藤隆明さん、島袋幹也さん、ドイツの松村祐甫さん、同じくドイツのFrieder Butzmann、アメリカのCarole Anne Kaufman、カナダのLinda Hamilton、イギリスのSheila Harrod、アイルランドのRobert Harvey、インドのRigveda Deshpandey、DiscordのVolys。たくさんのサポートをもらいながら作った本書は、まさに世界中の口笛吹きとの合作です。ミシマ社の野﨑敬乃さんと三島邦弘社長は口笛というテーマに純粋な興味を持って、都度感動や驚きを言葉にして伝えてくださったので大きなモチベーションになりました。装丁・イラストは、文平銀座の寄藤文平さんと垣内晴さんにニッチなテーマをとてもポップに仕上げていただきました。この場を借りて皆様に御礼申し上げます。

そしてなにより、私に声をかけてくださり、本を書くのが初めてで右も左もわからない私をずっとサポートしてくださった共著者の最相葉月さん。十代の頃から様々な出会いを通じて得てきた知識や知見をいつか還元せねば、とずっと思っていたところ、このような形で実現させていただいたことに大変感謝しています。

最後に、自身も仕事と育児をしながら執筆活動を支えてくれた妻、いつも笑顔をくれた二人の娘たち、全国各地を飛び回る中でも時間を作って娘たちの面倒を見てくれた母に、心からありがとう。

初めは誰しもみんな、一人で口笛を吹いています。それがある日、ふとしたきっかけで「口笛」に出会いなおして、温かく楽しい「口笛吹きのコミュニティ」に、そして驚きと感動に満ちた「口笛音楽の世界」に引き込まれていくのです。本書がみなさんにとって、そのきっかけになることを願ってやみません。

ところで、最初の打ち合わせのときには口笛が吹けなかった最相さん。この本を書いている間に、見事に吹けるようになりました。ヒュ〜！　やったね！

二〇二五年一月吉日

武田裕煕

武田裕熙　たけだ・ゆうき

口笛奏者・ウィスリング研究家

1992年、東京生まれ。東京大学入学後に渡米、ミドルベリー大学を卒業。2010年国際口笛大会ティーンの部優勝を皮切りに、2019年口笛音楽マスターズ総合男性1位、2024年口笛世界大会弾き吹き部門優勝など、数々の国際大会で受賞。コロナ下にはオンラインの口笛世界大会GWCを創始し、主催。4大陸7か国に住み、20歳までに5言語を習得。世界中のウィスラーとコネクションを作りウィスリングを研究、TEDxでは口笛をテーマに登壇しスタンディングオベーションを得る。ジャズ、クラシック、ラテン、即興音楽など多ジャンルで演奏活動を展開し、オーストラリアのTVCM起用、ベネズエラでのツアーなど、国際的に活躍中。

最相葉月　さいしょう・はづき

1963年、東京生まれの神戸育ち。関西学院大学法学部卒業。科学技術と人間の関係性、スポーツ、精神医療、信仰などをテーマに執筆活動を展開。著書に『絶対音感』（小学館ノンフィクション大賞）、『星新一 一〇〇一話をつくった人』（大佛次郎賞、講談社ノンフィクション賞ほか）、『青いバラ』『セラピスト』『れるられる』『ナグネ 中国朝鮮族の友と日本』『証し 日本のキリスト者』（キリスト教書店大賞）、『中井久夫 人と仕事』など多数。ミシマ社では『母の最終講義』『なんといふ空』『辛口サイショーの人生案内』『辛口サイショーの人生案内DX』『未来への周遊券』（瀬名秀明との共著）、『胎児のはなし』（増﨑英明との共著）を刊行。

口笛《くちぶえ》のはなし

2025年2月26日　初版第1刷発行

著　　者　最相《さいしょう》葉月《はづき》・武田《たけだ》裕熙《ゆうき》

発 行 者　三島邦弘

発 行 所　（株）ミシマ社

〒152-0035　東京都目黒区自由が丘2-6-13
電　話　03(3724)5616
ＦＡＸ　03(3724)5618
e-mail　hatena@mishimasha.com
ＵＲＬ　http://www.mishimasha.com/
振　替　00160-1-372976

装　　丁　寄藤文平＋垣内晴（文平銀座）

印刷・製本　（株）シナノ

組　　版　（有）エヴリ・シンク

ISBN 978-4-911226-15-5
JASRAC 出 2410276-401

「はなし」シリーズの本

胎児のはなし

最相葉月・増崎英明

経験していない人はいない。
なのに、誰も知らない「赤ん坊になる前」のこと。
産婦人科界を牽引した「先生」に、生徒サイショーが
妊娠・出産の「そもそも」から衝撃の科学的発見、
最新医療のことまで全てを訊く。
全人類（？）必読の一冊。

ISBN　978-4-909394-17-0　1900円（価格税別）